Gesamtheitliche Unternehmensführung für Gründer

Thomas Siegel

Gesamtheitliche Unternehmensführung für Gründer

Mit der „3 x 4 = Alles"-Methode zum Erfolg

Thomas Siegel
Steuerkanzlei Dr. Siegel
Zorneding, Deutschland

ISBN 978-3-658-26157-3   ISBN 978-3-658-26158-0 (eBook)
https://doi.org/10.1007/978-3-658-26158-0

Die Deutsche Nationalbibliothek verzeichnet diese Publikation in der Deutschen Nationalbibliografie; detaillierte bibliografische Daten sind im Internet über http://dnb.d-nb.de abrufbar.

Springer
© Springer Fachmedien Wiesbaden GmbH, ein Teil von Springer Nature 2020
Das Werk einschließlich aller seiner Teile ist urheberrechtlich geschützt. Jede Verwertung, die nicht ausdrücklich vom Urheberrechtsgesetz zugelassen ist, bedarf der vorherigen Zustimmung des Verlags. Das gilt insbesondere für Vervielfältigungen, Bearbeitungen, Übersetzungen, Mikroverfilmungen und die Einspeicherung und Verarbeitung in elektronischen Systemen.
Die Wiedergabe von allgemein beschreibenden Bezeichnungen, Marken, Unternehmensnamen etc. in diesem Werk bedeutet nicht, dass diese frei durch jedermann benutzt werden dürfen. Die Berechtigung zur Benutzung unterliegt, auch ohne gesonderten Hinweis hierzu, den Regeln des Markenrechts. Die Rechte des jeweiligen Zeicheninhabers sind zu beachten.
Der Verlag, die Autoren und die Herausgeber gehen davon aus, dass die Angaben und Informationen in diesem Werk zum Zeitpunkt der Veröffentlichung vollständig und korrekt sind. Weder der Verlag, noch die Autoren oder die Herausgeber übernehmen, ausdrücklich oder implizit, Gewähr für den Inhalt des Werkes, etwaige Fehler oder Äußerungen. Der Verlag bleibt im Hinblick auf geografische Zuordnungen und Gebietsbezeichnungen in veröffentlichten Karten und Institutionsadressen neutral.

Springer ist ein Imprint der eingetragenen Gesellschaft Springer Fachmedien Wiesbaden GmbH und ist ein Teil von Springer Nature.
Die Anschrift der Gesellschaft ist: Abraham-Lincoln-Str. 46, 65189 Wiesbaden, Germany

Vorwort

Wenn Sie dieses Buch in den Händen halten, haben Sie vermutlich bereits ein Unternehmen gegründet oder planen dieses zu tun. Ihr Produkt oder Ihre Dienstleistung haben Sie bereits entwickelt und stehen nun in den Startlöchern, um den Markt zu erobern. Wie könnte Ihnen dieses Buch dabei behilflich sein?

Der aktuelle Büchermarkt bietet zum Thema Existenzgründung viele Ratgeber an, die sich fast allen Fragen und Geschäftsbereichen widmen. Was bringt Ihnen dann das vorliegende Buch? Mein Ziel ist es, das Thema „Gründung" ein wenig anders zu betrachten. Hier geht es weder darum, die Scheu abzulegen und den Sprung ins kalte Wasser der Selbstständigkeit zu wagen, noch darum, das Feuer einer genialen Produktentwicklung zu entfachen. Vielmehr setzt dieses Buch dort an, wo die meisten Veröffentlichungen auf diesem Gebiet aufhören: nachdem die Gründung bereits erfolgt ist. Mein Blick richtet sich auf die Frage nach der Ganzheitlichkeit und der Nachhaltigkeit des jungen Unternehmens. Was kann ein Gründer – außer seiner hervorragenden Geschäftsidee umsetzen und tun, um sich langfristig am Markt erfolgreich zu positionieren?

Seit über 20 Jahren berate ich als Steuerberater junge und erfahrene Unternehmer. Daher kenne ich die vielfachen Herausforderungen, denen sich heute Firmen zu stellen haben. Aus meiner Praxis als Gründungsberater weiß ich, dass viele Gründer häufig zu sehr auf ihr neues Marktangebot – ihre Geschäftsidee – fixiert sind und dabei schnell das Stakeholder-Management aus dem Auge verlieren. Häufig ist das Konzept des Stakeholder-Managements nicht einmal bekannt. Doch gerade letzteres erscheint unbedingt notwendig, um einen anhaltenden Erfolg des Unternehmens herbeizuführen. Mit der von mir entwickelten und als Marke rechtlich geschützten „3 × 4 = **Alles**"-**Methode** erhalten Sie einen Zwölf-Punkte- Plan, anhand dessen Sie diese wichtigen Bereiche steuern und bei Bedarf nachjustieren können. Auf diese Weise können Sie nicht nur zahlreiche Fallstricke des Geschäftsalltags vermeiden, sondern vor allem Ihr Unternehmen ganzheitlich und nachhaltig aufstellen. Viele Beispiele aus meiner langjährigen Praxis als Gründungsberater vermitteln Ihnen weitere Erfahrungswerte und runden meine Thesen und Ideen für eine bessere Unternehmensführung als Gründer ab.

Bevor Sie in die Lektüre eintauchen, noch ein kurzes Wort zur Textgestaltung: Für eine bessere Lesbarkeit wurde auf eine Unterscheidung der Geschlechter weitgehend verzichtet. Mit Begriffen wie beispielsweise Unternehmer, Führungspersönlichkeit oder Gründer sind selbstverständlich auch die vielen weiblichen gemeint.

Ihnen wünsche ich viel Spaß beim Lesen! Auf Ihr Feedback zu diesem Buch freue ich mich.

Erobern Sie mit Ihrer Gründung den Markt und die Herzen Ihrer Stakeholder!

Zorneding und Samerberg, Deutschland   Thomas Siegel
Sommer 2019

Inhaltsverzeichnis

Teil I Einführung

1 Einführung in das Themengebiet 3
 1.1 Die heutigen Herausforderungen für Gründer in der
   VUCA-Welt 4
   1.1.1 Volatility (Unberechenbarkeit) 4
   1.1.2 Uncertainty (Ungewissheit beziehungsweise
     Disruption) 5
   1.1.3 Complexity (Komplexität) 6
   1.1.4 Ambiguity (Mehrdeutigkeit/Ambivalenz) 8
 1.2 Das sich verändernde Bild von Führungskräften 11
 1.3 Neue Herausforderungen im Management – auch für
   Gründer 13
 1.4 Zwischenfazit 16

2 Der Stakeholder-Ansatz 17
 2.1 Die wirtschaftlichen Grundlagen: die Koalitions- und
   die Anreiztheorie 17
 2.2 Der Stakeholder-Ansatz 19
 2.3 Abgrenzung zum Shareholder-Ansatz 20

2.4 Die verschiedenen Anspruchsgruppen im Stakeholder-Ansatz ... 21
   2.4.1 Gruppe 1: Gründer, Eigentümer und Kapitalgeber ... 23
   2.4.2 Gruppe 2: Bezugsquellen ... 23
   2.4.3 Gruppe 3: Abnehmer ... 24
   2.4.4 Gruppe 4: Die Öffentlichkeit ... 24
2.5 Risiken im Stakeholder-Management ... 28
2.6 Stakeholder-Dialoge ... 28
2.7 Zwischenfazit ... 31

3 **Vom Dreiklang der Exzellenz zur „3 × 4 = Alles"-Methode** ... 35
3.1 Die drei Kernkompetenzen ... 36
   3.1.1 Fachkompetenz ... 36
   3.1.2 Prozess-Know-how ... 36
   3.1.3 Die interpersonelle Kompetenz ... 37
3.2 Fachkompetenz ... 37
3.3 Das Prozess-Know-how ... 38
3.4 Interpersonelle Kompetenzen ... 39
3.5 Die „3 × 4 = Alles"-Methode ... 39
3.6 Zwischenfazit ... 42

4 **Mit der „3 × 4 = Alles"-Methode zum Erfolg: Gesamtheitliche Unternehmensführung für Gründer** ... 43
4.1 Meine eigene Erfahrung in der Unternehmensführung ... 43
4.2 Stakeholder-Management: Der Zwölf-Punkte Plan nach der „3 × 4 = Alles"-Methode ... 46
4.3 Feinsteuerung der Methode in der Praxis ... 47
4.4 Flexibilität und ständige Erneuerung für Gründer ... 49
4.5 Zwischenfazit ... 50

Teil II Stakeholder-Gruppe: Gründer, Eigentümer, Kapitalgeber

5 Selbstanalyse und Bestandsaufnahme   55
  5.1 Der Unterschied zwischen Leadership, Fachexperten und tradierten Management   56
      5.1.1 Tradiertes Management   56
      5.1.2 Leadership   56
      5.1.3 Fachexperte/Berater   57
      5.1.4 Die Mischung macht's   57
  5.2 Merkmale von Leadership-Persönlichkeiten   57
      5.2.1 Emotionale Intelligenz   57
      5.2.2 Zielgerichtetheit   59
      5.2.3 Willens- und Durchsetzungskraft   59
  5.3 Besondere Aufgaben des Leaderships   60
      5.3.1 Visionen entwickeln   60
      5.3.2 Die besondere Verantwortung für Gründer: Vorbild sein   61
      5.3.3 Der Gründer als Coach   62
      5.3.4 Ein Leader delegiert   62
  5.4 Leadership ist heute gefragt   63
  5.5 Zwischenfazit   64

6 Schritt 1: Die fachliche Kompetenz – Inhaber/Gründer   65
  6.1 Führen und Werte   66
  6.2 Der Gründer als Entwickler von Leitbildern   66
      6.2.1 Voraussetzungen für gelungene Leitbilder   67
      6.2.2 So werden Leitbilder einprägsam   67
      6.2.3 Umsetzung des Leitbildes   68
  6.3 Strategie-Kompetenz   68
  6.4 Stellschrauben für Erfolgsstrategien   72
      6.4.1 Produkt- und Markt- Strategie und Ressourcenstrategie   72
      6.4.2 Strategieentwicklung – Strategieumsetzung   73
  6.5 Die fachliche Kompetenz des Kapitalgebers   74
  6.6 Zwischenfazit   75

7 Schritt 2: Die prozessuale Kompetenz – Inhaber/Gründer 77
7.1 Flexibles Stakeholder-Management – Agilität 78
    7.1.1 Aufmerksame Stakeholder- und Marktbeobachtung 79
    7.1.2 Aufmerksame Kommunikation 79
    7.1.3 Flache Hierarchien 80
    7.1.4 Fachgerechtes Delegieren 81
    7.1.5 Kurze Umsetzungszyklen 81
    7.1.6 Vertrauen und eine offene Fehler- und Kritikkultur 82
7.2 Zwischenfazit 83

8 Schritt 3: Die interpersonelle Kompetenz – Inhaber/Gründer 85
8.1 Definition Führungsstil 86
8.2 Verschiedene Führungsstile für Gründer 87
    8.2.1 Der autoritäre bzw. hierarchische Führungsstil 87
    8.2.2 Der Laissez-faire-Führungsstil 88
    8.2.3 Der systemische und demokratische Führungsstil 89
    8.2.4 Der dialogische Führungsstil 89
    8.2.5 Weitere Führungsstile 92
    8.2.6 Welcher ist der richtige Führungsstil? 93
8.3 Prinzipien des Selbstmanagements 94
8.4 Pro-Aktivität als Schlüsselkompetenz 94
8.5 Kernkompetenz Priorisierung 95
    8.5.1 Priorisierung und Perfektionsdrang 97
    8.5.2 Priorisierung und Selbstreflektion 98
8.6 Erst verstehen, dann verstanden werden. 98
8.7 Die Magie positiver Erwartung – wissenschaftlich bestätigt 99
8.8 Zwischenfazit 102

Teil III Stakeholder-Gruppe: Bezugsquellen (Mitarbeiter, Freelancer, Lieferanten)

9 Schritt 4: Die fachliche Kompetenz – Bezugsquellen   107
  9.1 Die fachliche Kompetenz und die Bedeutung von
      Fort- und Weiterbildung   108
  9.2 Die richtige Personenauswahl   109
  9.3 Wertschätzung, Motivation und Kommunikation   109
      9.3.1 Sinnhaftigkeit der Aufgaben   110
      9.3.2 Teamorientierung   110
      9.3.3 Eigenständige Entscheidungsbefugnis   111
  9.4 Wertschätzung als Schlüsselfähigkeit   111
  9.5 Zwischenfazit   115

10 Schritt 5: Die prozessuale Kompetenz – Bezugsquellen   117
  10.1 Prozessoptimierung für Gründungen – ein leidiges
       Thema?   118
  10.2 Schritt 1: Prozessdefinition   119
  10.3 Umsetzung einer Prozessorientierung:
       Mitarbeiterqualifikation   122
  10.4 Prozessoptimierung: Offene Fehler und Kritikkultur   123
  10.5 Zeitmanagement der Mitarbeiter   124
  10.6 Motivorientierte Führung   127
  10.7 Wie Sie den Zusammenhalt und die Motivation in
       Ihrem Unternehmen fördern   129
      10.7.1 Gestaltung des Arbeitsplatzes   129
      10.7.2 Ständige Erreichbarkeit   129
      10.7.3 Betriebsatmosphäre   130
      10.7.4 Berufliche Perspektive, Aufstiegschancen und
             Herausforderungen   130
      10.7.5 Autonomie, Flexibilität und Variabilität   131
  10.8 Kontrolle im Arbeitsalltag: nur auf Augenhöhe   132
  10.9 Zwischenfazit   134

11 Schritt 6: Die interpersonelle Kompetenz – Bezugsquellen 137
- 11.1 Welche Soft Skills sind wichtig? 137
- 11.2 Ein kurzer Blick zurück 138
- 11.3 Von der Personalentwicklung zu Selbstentwicklung 140
- 11.4 Aktives Zuhören 141
- 11.5 Soft Skills und Weiterbildung 141
- 11.6 Typische Unterschiede zwischen den verschiedenen Generationen 142
- 11.7 Zwischenfazit 145

Teil IV Stakeholder-Gruppe Abnehmer (Kunden, Käufer, Mandanten)

12 Schritt 7: Die fachlichen Kompetenzen – Abnehmer 149
- 12.1 Wisse, wer Du bist 150
- 12.2 Wisse, wer der Abnehmer ist: Zielgruppenermittlung 150
- 12.3 USP – Auf das Alleinstellungsmerkmal kommt es an 151
- 12.4 Kenne die Lösung 152
- 12.5 *Customer Experience* 153
- 12.6 Nicht alles ist immer sachlich – leider! 154
- 12.7 Der Vertrieb ist Chefsache 154
- 12.8 Zwischenfazit 156

13 Schritt 8: Die prozessualen Kompetenzen – Abnehmer 157
- 13.1 Frühe Marktforschung für Gründer 157
- 13.2 Falscher Perfektionismus als Gründer 158
- 13.3 Realistische Ziele setzen 158
- 13.4 Finanzierung 159
- 13.5 Neue Vertriebswege 160
- 13.6 Verschiedene Prozessoptimierungsmethoden: von radikal bis sukzessiv 160
  - 13.6.1 Lean-Management 161
  - 13.6.2 *Total-Quality-Management* (TQM) 162
  - 13.6.3 Six Sigma 162

		13.6.4	Kaizen	163
	13.7	13.6.5	Methodenmix	164
	13.7		Kundenzufriedenheitsmessung	164
	13.8		Zwischenfazit	167

14 Schritt 9: Die interpersonellen Kompetenzen – Abnehmer 169
   14.1 Wertschätzung und aktives Zuhören im Vertrieb 170
   14.2 Durchhaltevermögen 170
   14.3 Typische Außendienstfehler 171
   14.4 Sonderfall: Beschwerde 171
      14.4.1 Einfühlungsvermögen 172
      14.4.2 Entgegenkommen 173
      14.4.3 Dokumentation 173
      14.4.4 Im Fall des Falles 174
      14.4.5 Systematisches Beschwerdemanagement 174
   14.5 Zwischenfazit 175

Teil V Stakeholder-Gruppe allgemeine Öffentlichkeit

15 Schritt 10: Die fachlichen Kompetenzen – allgemeine Öffentlichkeit 179
   15.1 Vom Stakeholder-Management zur Unternehmensethik 180
   15.2 Unternehmensethik – auch für Gründer 180
   15.3 Corporate Social Responsibility (CSR) 181
   15.4 Corporate Governance 182
   15.5 Compliance Management 183
   15.6 Zwischenfazit 185

16 Schritt 11: Die prozessualen Kompetenzen – allgemeine Öffentlichkeit ... 187
16.1 Der Unterschied zwischen interner und externer Kommunikation ... 187
16.2 Prozessuale Anforderungen in der Kommunikation ... 188
16.3 Interaktion mit staatlichen Behörden ... 189
16.4 Zwischenfazit ... 190

17 Schritt 12: Die interpersonellen Kompetenzen – allgemeine Öffentlichkeit ... 193
17.1 Glaubwürdigkeit ... 194
17.2 Dialogbereitschaft ... 194
17.3 Die Notwendigkeit der Transparenz ... 195
17.4 Kontinuität ... 196
17.5 Fairness ... 196
17.6 Engagement ... 196
17.7 Zwischenfazit ... 198

18 Fazit und Ausblick ... 199

Literatur ... 203

Über den Autor

Thomas Siegel wurde 1965 in München geboren. Nach seiner Schulausbildung, die er im Jahr 1983 an der Fachoberschule in Wasserburg am Inn mit der Fachhochschulreife abschloss, nahm er ein Studium der Betriebswirtschaft mit Schwerpunkt Steuerlehre an der Fachhochschule München auf. Im Jahr 1988 schloss Thomas Siegel sein Studium als Diplom-Betriebswirt (FH) ab. Anschließend absolvierte er seinen Wehrdienst beim Fliegerhorst Erding.

Nach mehrjähriger, beruflicher Tätigkeit als Sachbearbeiter bei zwei Steuerberatern und Wirtschaftsprüfern, legte Thomas Siegel im Jahr 1993 das Examen als Steuerberater ab und ließ sich in dem folgenden Jahr in Zorneding als selbstständiger Steuerberater nieder. Zwei Jahre später kaufte er die Steuerkanzlei seines Vaters Anton Siegel, die er seitdem als alleiniger Inhaber führt. Im Jahr 2011 promovierte er über den „Einfluss von Beratung von Existenzgründern in der Vor-Gründungsphase und Gründungsphase auf den Erfolg" und erhielt für seine Arbeit den Doktortitel *philosophiae doctor* (PhD.). Im Jahr 2015 wurde Dr. Thomas Siegel zum Professor für „Medienwissenschaft/BWL" an der Mediadesign Hochschule München im Studiengang „Medienmanagement" berufen.

Neben seiner Tätigkeit in der Lehre, als Kanzleiinhaber und selbstständiger Steuerberater engagiert sich Prof. Dr. Siegel in der Gründungsberatung und hält Fachvorträge zu Managementthemen bei Verbänden, Behörden, Vereinen und Banken. In seiner Berufslaufbahn hat er über 500 Gründungen und den anschließenden Unternehmensverlauf betreut. Aus seiner umfassenden Berufspraxis kennt er die vielfachen Ursachen für das Scheitern von (Jung-)Unternehmen. Prof. Dr. Siegel ist Mitglied im Deutschen Gründerverband und besitzt rund 25 Jahre Erfahrung als erfolgreicher Unternehmer und ehemaliger Gründer.

Der passionierte Familienmensch und Vater zweier Söhne liebt das Wandern, Radfahren, die Berge und Natur in seiner malerischen Heimat sowie anderswo.

Teil I

Einführung

1
Einführung in das Themengebiet

Nicht wie der Wind weht, sondern wie man das Segel setzt, darauf kommt es an.
Wilhelm III. von Oranien-Nassau (1533–1584)

Ein Unternehmen zu gründen und zum Erfolg zu führen war noch nie einfach. Wie geht man am besten vor? Welche Weichen sind zu stellen? Zu welchem Zeitpunkt und in welcher Reihenfolge? Dieses Buch zeigt, wie anhand eines exzellenten Stakeholder-Managements ein nachhaltiger Unternehmenserfolg hergestellt werden kann. Bevor jedoch die zwölf einzelnen Schritte des Stakeholder-Managements vorgestellt werden, widmet sich der erste Teil dieses Buches der Begriffsklärung und Einführung in das Themengebiet. Dieses Kapitel gibt Ihnen einen Überblick über die aktuellen Herausforderungen, denen Gründer und Unternehmer heute begegnen. Zudem legt der Autor dar, wie sein eigener Berufszweig durch die aktuellen Trends tief greifend verändert wird.

Ein ausgeprägter Geschäftssinn bildet das Fundament für den Erfolg eines neuen Unternehmens. Dieser besondere Riecher setzt das Vermögen voraus, eine richtige Einschätzung vorliegender Umfragen, Auswertungsergebnisse, Fakten und Zahlen vorzunehmen und diese in eine erfolgversprechende Prognose münden zu lassen. Doch die heutigen, starken Schwankungen der allgemeinen Rahmenbedingungen erschweren eine solche erfolgreiche Voraussage. Der Begriff „VUCA-Welt" fasst einige der größten Herausforderungen für Unternehmen zusammen. Die Führungskräfte von heute stehen einer Umgebung gegenüber, die aufgrund ständigen radikalen Wandels keinerlei prognostizierbare Aussagekraft mehr besitzt. Das Akronym VUCA beinhaltet die Aspekte *Volatility* (Unberechenbarkeit), *Uncertainty* (Ungewissheit), *Complexity* (hohe Komplexität) und *Ambiguity* (Ambivalenz). Da heutige Unternehmen unabhängig von der Betriebsgröße von den Auswirkungen der VUCA-Welt betroffen sind, sollten Führungskräfte diese entsprechend neu ausrichten und die Resilienz ihrer Unternehmen stärken.

Bevor ich auf die von mir entwickelte „3 × 4 = Alles"-Methode eingehe, möchte ich zunächst die einzelnen Trends der VUCA Welt genauer beleuchten.

1.1 Die heutigen Herausforderungen für Gründer in der VUCA-Welt

1.1.1 Volatility (Unberechenbarkeit)

Die heutige Lebens- und Arbeitswelt ist einem immer schneller werdenden Wandel unterworfen. Die Häufigkeit, Geschwindigkeit und das Ausmaß von unvorhergesehenen Veränderungen hat in den letzten Jahrzehnten extrem zugenommen. In dieser allgemeinen Entwicklung ist nichts vor Umwälzungen sicher: Umstände, die zuvor jahrzehntelang als stabil und sicher galten, können sich rasch verändern.

Die schnelle Verbreitung von Nachrichten im digitalen Zeitalter ist eine der wesentlichen Ursachen dieser neuen Unberechenbarkeit. Aktuelle Ereignisse verbreiten sich heute in nur wenigen Sekunden. Dies hat zwar den Vorteil, dass der Mensch schneller reagieren kann, gleichzeitig befindet er sich jedoch in einem Zustand ständiger Reizüberflutung. Infolge der schnellen Datenübermittlung verbreiten sich neue Technologien schneller und lösen alte ab. Produktzyklen fallen hierdurch deutlich kürzer aus.

Infolgedessen müssen sich sowohl der Verbraucher als auch der Unternehmer ständig auf neue Technologien und Funktionalitäten einstellen. Diese Unberechenbarkeit fordert ein hohes Maß an Innovationsfähigkeit und Flexibilität der Führungskräfte. Sie müssen für zusätzliche Ressourcen sorgen und wohl überlegte strategische Partnerschaften bilden, um eventuelle Schwankungen besser auffangen zu können.

Der heutigen Unberechenbarkeit (siehe Abb. 1.1) können Gründer nur mit einer starken Vision begegnen, die die Wechselhaftigkeit mit einbezieht und die zumindest teilweise auf Flexibilität basiert.

1.1.2 Uncertainty (Ungewissheit beziehungsweise Disruption)

Die „Ungewissheit" ist von der „Unberechenbarkeit" (siehe Abb. 1.2) begrifflich abzugrenzen. Der Begriff Ungewissheit beschreibt die wachsende Unsicherheit aufgrund der geringeren Vorhersagbarkeit von Ereignissen sowohl im persönlichen als auch beruflichen Leben. Ständig entstehen neue Märkte, während sich andere auflösen. Die Ungewissheit wächst aufgrund der mangelnden Kenntnisse über die Variablen und

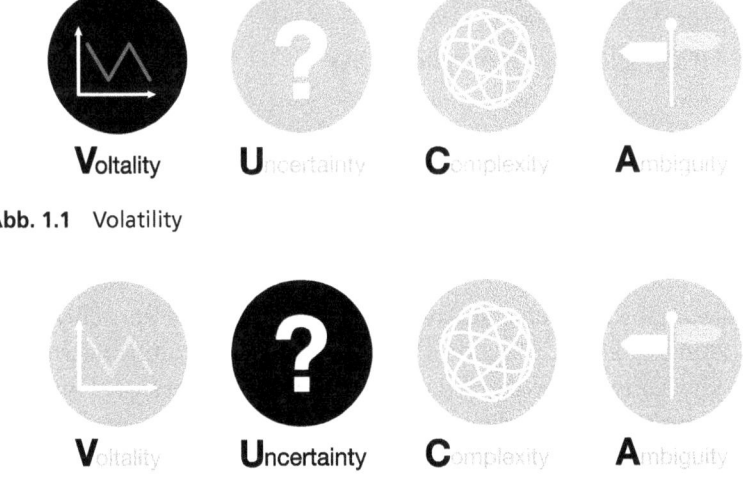

Voltality   **U**ncertainty   **C**omplexity   **A**mbiguity

Abb. 1.1 Volatility

Voltality   **U**ncertainty   **C**omplexity   **A**mbiguity

Abb. 1.2 Uncertainty

deren kausale Beziehungen. Aus diesem Grund gewinnt die Beschaffung von relevanten Informationen und Daten immer mehr an Bedeutung. Die reine Ansammlung von Daten allein bietet jedoch noch keine Lösung; vielmehr müssen diese strukturiert ausgewertet werden. Für die Führenden bedeutet dies, dass sie neben einer intuitiven und emotionalen Intelligenz über eine hohe Analysefähigkeit verfügen müssen. Die neue Ungewissheit erfordert auf Seiten der Gründer und Unternehmer ein höheres Verständnis für alle Faktoren, die ihren Geschäftsbereich direkt und mittelbar betreffen.

Zudem verringert sich die Halbwertzeit des Wissens. Die Halbwertzeit beschreibt die Dauer, bis das erlangte Wissen seine Bedeutung und Verwendbarkeit verliert. Vor 30 Jahren war ein Hochschulabsolvent mit seinem im Studium erworbenen Kenntnissen sein ganzes Leben lang weitgehend gut gerüstet. Mittlerweile geben einige Stimmen dem durchschnittlichen Hochschulwissen nur noch eine „Haltbarkeit" von rund zehn Jahren und Technikkenntnissen eine „Relevanzdauer" von drei Jahren, wobei IT-Wissen noch schneller veraltet. Weiterbildungen und lebenslanges Lernen gewinnen daher immer mehr an Bedeutung. Welche Fähigkeiten und Kenntnisse – insbesondere im Rahmen der Digitalisierung und Automatisierung – in der Zukunft noch gefragt sind, bleibt ungewiss.

1.1.3 Complexity (Komplexität)

Obwohl die Halbwertszeit des Wissens sinkt, steigt dennoch das gesamte globale Wissen exponentiell an. Nach gegenwärtigen Schätzungen verdoppelt sich das Gesamtvolumen der wissenschaftlichen Erkenntnisse alle fünf bis zehn Jahre. Dies hat verschiedene Ursachen: Zunächst veralten in der Regel nicht vollständige Wissensbereiche, sondern nur Teile davon sowie diverse Verknüpfungen. Gleichzeitig entstehen neue Verbindungen, konkurrierende Theorien oder neue Schlussfolgerungen, so dass die Komplexität aller Erkenntnisse insgesamt ansteigt. Durch die oben genannte Wandelbarkeit sind einzelne Wissensgebiete umfassenden

Umwälzungen unterworfen, die wiederum vielschichtige Veränderungen hervorrufen können und das Gesamtwissen nachhaltig umformen.

Darüber hinaus werden die politischen, ökonomische und gesellschaftlichen Strukturen aufgrund der wachsenden globalen Vernetzung ebenfalls immer komplexer. Dies gilt auch für die ökonomische Verflechtung wirtschaftlicher Wertschöpfungs- und Verbrauchsprozesse. Der heutige Unternehmer muss daher in der Lage sein, die Sachlage aus verschiedenen Perspektiven und Richtungen zu betrachten und möglichst viele Eventualitäten miteinzubeziehen.

Auch das Bild des Mitarbeiters hat sich mit der wachsenden Vielschichtigkeit der Aufgaben nachhaltig verändert. Dieser muss nicht nur über eine hohe Spezialisierung verfügen, die die komplexen Verflechtungen widerspiegelt, sondern gleichzeitig die oben geforderte Flexibilität mitbringen. Um diese begehrten top-ausgebildeten, beweglichen Kräfte zu gewinnen und nachhaltig an das eigene Unternehmen zu binden, muss der Betrieb im Wettbewerb um die besten Mitarbeiter bestehen. Gelingt der Führungskraft dieses, dann sollte er die Mitarbeiter im nächsten Schritt in High- Performance-Teams überführen. Diese Aufgabe erfordert von ihm entsprechend hohe soziale Fähigkeiten. Damit der Mitarbeiter langfristig im Unternehmen bleibt, muss die Führungspersönlichkeit zudem eine hohe Transparenz der Rollen, intakte Prozesse sowie eine wertschätzende Unternehmenskultur herstellen.

Angesichts der wachsenden Komplexität (siehe Abb. 1.3) sind heutige Gründer aufgerufen, mit Klarheit, Transparenz und Kohärenz eine nachhaltige Strategie für das Unternehmen zu entwickeln.

Abb. 1.3 Complexity

1.1.4 Ambiguity (Mehrdeutigkeit/Ambivalenz)

> Gute Informationen sind schwer zu bekommen.
> Noch schwerer ist es, mit ihnen etwas anzufangen.
> Sir Arthur Conan Doyle, britischer Arzt und Schriftsteller (1859–1930)

Die heutige Mehrdeutigkeit (siehe Abb. 1.4) entsteht aus diversen Widersprüchen der Ursache-Wirkungs-Zusammenhänge, der Vieldeutigkeit der Faktenlage sowie einer eventuellen Fehl-Interpretation von Informationen. Heute lässt sich nicht jede Information eindeutig auswerten. Zudem steigt die allgemeine Mehrdeutigkeit aufgrund der Vielzahl von Schnittstellen und den verschiedenen, wechselnden Interessenkoalitionen. Trotz der hohen Ambivalenz sollen die Führungskräfte und Gründer von heute dennoch den Mut zum Handeln finden und ihr Unternehmen nachhaltig auf den Wandel umstellen beziehungsweise neu ausrichten. Diese neue Vieldeutigkeit erfordert einen klaren Ansatz, um eine schnelle Änderung zu implementieren. Agiles oder *Change Management* und eine erprobte Fehlerkultur sind einige der wirksamen Mittel im Zeichen des Wandels und werden in Kap. 7 näher behandelt.

Die beschriebenen VUCA-Aspekte treten keineswegs getrennt voneinander auf, sondern sie sind eng miteinander verflochten und bedingen sich gegenseitig. Dennoch sind diese Trends nicht wirklich neu, sondern sie treten nur verstärkt und in deutlich schnellerer Abfolge auf. Im Ergebnis bedeutet dies, dass die Welt heute noch ein wenig ungewisser, komplexer und widersprüchlicher geworden ist.

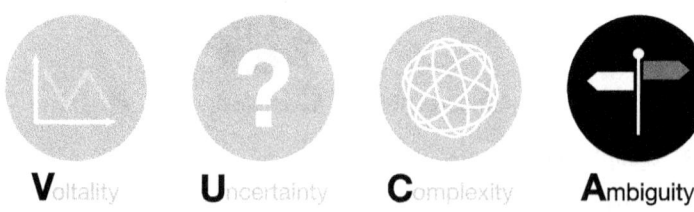

Abb. 1.4 Ambiguity

Exkurs: Die VUCA-Welt und der Beruf des Steuerberaters im Wandel

Auch meine eigene Branche ist von dem Wandel (siehe Abb. 1.5) signifikant betroffen. Dabei ging es dem Berufszweig der Steuerberater lange Zeit ausgesprochen gut. Der Beruf des Steuerberaters ist als Beruf gut geschützt. Zudem haben wir eine Berufskammer, die unsere Interessen effektiv vertritt. Die Tätigkeit ist abwechslungsreich und die Bandbreite des Beschäftigungsfeldes ungewöhnlich groß. Viele Berufsträger beraten Firmen verschiedenster Größe, vom traditionellen Familienunternehmen, innovativen Startups bis hin zu Großkonzernen und dieses oft über mehrere Generationen.

Doch auch der Beruf des Steuerberaters befindet sich zurzeit in einem dramatischen Umbruch, von dem die Berufsträger und die Kanzleimitarbeiter gleichermaßen betroffen sind. Die Auswirkungen der VUCA-Welt zeigen sich in der Steuerberater- Branche besonders stark. Viele Kanzleiinhaber bangen in Folge der vielfachen Umwälzungen um die Existenz ihrer Kanzlei.

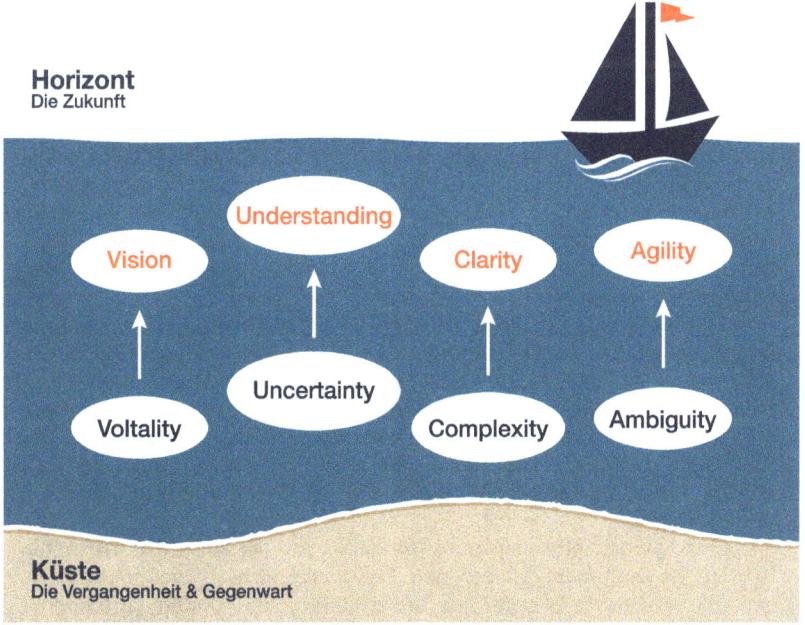

Abb. 1.5 Herausforderungen der VUCA-Welt

Zunächst wäre die steigende Komplexität der zu bearbeitenden Fälle zu nennen. Das deutsche Steuerrecht gilt als eines der kompliziertesten Rechtskomplexe der Welt; folglich sind die fachlichen Anforderungen an die Berater entsprechend hoch. Die Flut von Gesetzen, Urteilen, Verordnungen und Richtlinien bewirken zusätzlich einen stetig wachsenden Schwierigkeitsgrad. Einfache Sachverhalte entfallen durch die zunehmende Automatisierung und Digitalisierung weitgehend aus dem Beratungsalltag, da diese Mandate heute immer häufiger durch Online- und Softwarelösungen bewerkstelligt werden.

Darüber hinaus führt die Digitalisierung zu weiteren großen Umwälzungsprozessen in der Branche Der Informationstransfer, auf den der Beratungsprozess basiert, muss vollständig (Erfassung und Bearbeitung) umgestellt werden, um die neuen digitalen Effizienzpotenziale nutzen zu können. Diese Zielvorgabe wird sowohl durch die Behörden als auch durch die Mandanten vorangetrieben, die ihre Daten immer häufiger digital abgeben und erhalten möchten.

Langfristig können sich daher nur diejenigen Anbieter auf dem Markt behaupten, die die passenden Lösungen zur Beherrschung der Informationsflut präsentieren und das Beratungspotenzial der Digitalisierung voll ausschöpfen. Dieser Erneuerungsprozess stellt jedoch entsprechend hohe Anforderungen an das Team einer Kanzlei. Wer so viele komplexe Aufgaben zu bewältigen hat, benötigt äußerst gut ausgebildete und hoch motivierte Mitarbeiter. Doch gerade im Personalbereich gibt es bereits heute einen harten Kampf um die besten Köpfe. Zum Leidwesen von Steuerkanzleien gilt dieser Beruf in der Außenwahrnehmung nicht als attraktives Arbeitsumfeld. Die demografische Entwicklung führt zu einer zusätzlichen Verknappung von geeigneten Arbeitskräften. Gerade um junge Menschen als Mitarbeiter zu gewinnen, müssen heutige Steuerkanzleiinhaber mehr als ein „gutes Gehalt" vorweisen. Neben einem angenehmen Betriebsklima sind heute vor allem eigenverantwortliches Arbeiten, ein moderner Arbeitsplatz und eine individuelle, berufliche Förderung gewünscht.

Hat man das passende Personal erst einmal gewonnen, sollte man dieses langfristig an die Kanzlei binden, obwohl die Verweildauer auf einem Arbeitsplatz immer kürzer wird. Angesichts des Fachkräftemangels in der Steuerberaterbranche wenden manche Anbieter immer aggressivere Methoden an, um die Mitarbeiter anderer Kanzleien abzuwerben. Das führt dazu, dass so mancher Steuerberater sich nicht mehr traut, sein Team auf der Website vorzustellen – aus Furcht vor Headhuntern und anderen Konkurrenten.

Doch Angst ist selten ein guter Ratgeber. Meiner Ansicht nach sollten heutige Kanzleiinhaber lieber den Personalbereich so umstrukturieren, dass die Angebote anderer ins Leere laufen. Ein rundum zufriedener Mitarbeiter lässt sich nur sehr schwer abwerben! In diesem Zusammenhang spielt die zeitnahe Umsetzung der Digitalisierung eine beachtliche Rolle. Gerade für jüngere Mitarbeiter ist es heute selbstverständlich papierlos zu arbeiten. Eine Arbeit mit Aktenordnern empfinden sie häufig als nicht modern und wenig effizient. Schon um der jüngeren Generation willen, sollten Steuerkanzleien aktiv werden und dem Auftrag zur Digitalisierung schnellstmöglich nachkommen. Wer zu lange wartet, wird die Umstellung später mangels geeigneten Personals kaum noch durchführen können.

Außerdem steigen die Erwartungen der Mandanten und beteiligten Behörden an den Steuerberater ebenfalls deutlich. Neben einer hohen fachlichen Kompetenz sind außerdem eine schnelle Erreichbarkeit, ein hoher technischer Standard sowie hervorragende interpersonelle Fähigkeiten gefragt. Sind diese Faktoren nicht zu vollen Zufriedenheit gegeben, wird der Anbieter gewechselt. Die neue Beweglich;- und oben erwähnte Unbeständigkeit der Mandanten zwingt den Steuerkanzleiinhaber sein Angebot zu perfektionieren und eng an die Bedürfnisse der Mandanten anzupassen.

Vielen der oben genannten Probleme kann der Kanzleiinhaber begegnen, in dem er sein Unternehmen umbaut und sich neue Aufgabenfelder sucht. Doch ein wirklich nachhaltiger Erfolg der Kanzlei lässt sich nur herstellen, wenn man sich auf die Herausforderungen der VUCA-Welt neu ausrichten kann.

Was hat das alles mit den aktuellen Anforderungen an Gründer zu tun? Ebenso wie etablierte Steuerkanzleien sind diese aufgerufen, sich immer wieder neu zu erfinden und großes Innovationspotenzial zu zeigen. Nur wer sich ständig erneuern und verbessern kann, wird langfristig auf dem sich ständig verändernden Markt eine Chance haben.

1.2 Das sich verändernde Bild von Führungskräften

Wer ein Unternehmen gründet, hat sich entschlossen zu führen. Nur wie sieht optimales Führen aus? Mit einer veränderten Umwelt hat sich über die Jahre auch die Vorstellung gewandelt, worauf es bei der Führung eines Unternehmens ankommt. Zwar sind nicht alle Führungskräfte gleichzeitig Unternehmensinhaber oder Gründer, aber sie tragen die wirtschaftliche Verantwortung für die Betriebe.

Früher waren die Dinge in mancher Hinsicht einfacher, wenn auch nicht besser: Von dem Beginn der Frühindustrialisierung bis weit in die 50er-Jahre traten Unternehmer recht selbstherrlich und autoritär auf.

Gelegentlich wurde dieser Führungsstil zwar durch das Charisma des Unternehmers in seiner Wirkung etwas gemildert, ohne dass dies etwas an den tatsächlichen Machtverhältnissen änderte. Zu dieser Zeit wurde der Mitarbeiter eher als notwendiges Übel betrachtet, dem man im Zuge der Fließbandarbeit nur wenige, nicht an Maschinen übertragbare Aufgaben anvertraute.[1] Erst in den 30er-Jahren[2] begann die Wissenschaft zu erforschen, wie die Motivation der Mitarbeiter gesteigert werden könnte, um so den Erfolg des Unternehmens zu erhöhen. Im Rahmen der Beobachtungsstudien erkannten die Wissenschaftler, dass die Arbeitsleitung im hohen Maß nicht nur von technischen, sondern vor allem von sozialen Einflüssen abhängig ist, beispielsweise der entgegengebrachten Aufmerksamkeit der Vorgesetzten gegenüber dem jeweiligen Mitarbeiter.

Außerdem wurde festgestellt, dass die Mitarbeiter häufig eigene Regeln entwickelten, die einer besseren Bewältigung der Aufgaben dienten und die nicht durch die Unternehmensführung vorgegeben waren. Diese selbst auferlegten Regeln werden als „informelle Normen" bezeichnet. Infolge dieser neuen Erkenntnisse setzte sich zunehmend die *Human-Relations-* Bewegung[3] als neue Management- Theorie durch, die den Menschen nunmehr als wichtigen Faktor in die Erfolgsstrategie des Unternehmens miteinbezog.

Soweit die Vergangenheit – und was bedeutet dies für heutige (Jung-) Unternehmen?

---

[1] Dies wurde als *Scientific Management* bezeichnet. Hiernach mussten Arbeitsvorgänge beispielsweise bei der Automobilindustrie in kleine, hochoptimierte Schritte zerlegt werden, um möglichst effizient zu produzieren.

[2] Die US-amerikanischen Forscher Fritz Jules Roethlisberger, Elton Mayo und William Dickson fanden anhand der Hawthorne-Experimente heraus, dass Teilnehmer ihr natürliches Verhalten ändern, da sie wissen, dass sie an einer Studie teilnehmen und unter Beobachtung stehen Das eigentliche Ziel der Bobachtungsstudien galt u. a. den Einfluss der Art der Beleuchtung auf die Motivation der Mitarbeiter zu untersuchen.

[3] Die *Human-Relation*-Bewegung entstand in den USA als Reaktion auf die Hawthorne-Experimente. Hiernach ist der Erfolg des Unternehmens von der Pflege der zwischenmenschlichen Beziehungen zwischen Führenden und Geführten sowie zwischen den Gleichgestellten abhängig; daher seien diese Beziehungsgeflechte zu fördern. Kritiker merkten an, dass mit diesem Ansatz auf manipulative Weise eine Anpassung der Belegschaft an bestehende Verhältnisse erreicht werden soll, ohne dass objektive Arbeitsbedingungen verbessert würden.

Die entfesselte Dynamisierung des Unternehmensumfelds durch die Globalisierung, die raschen gesellschaftlichen Veränderungen und Herausforderungen der VUCA-Welt verlangen heute neue Strategien und Anforderungen bei den Führungskräften. Diese müssen nicht nur eine Fülle an Maßnahmen des so genannten „Doing & Dealing",[4] sondern auch die Mitarbeiter, Lieferanten, Kunden etc. und eine Vielzahl von Informationen managen.

1.3 Neue Herausforderungen im Management – auch für Gründer

Die aktuellen Herausforderungen der VUCA-Welt sind riesig. Dennoch kann man diese neuen Ansprüche als Belastung oder eben als Chance zu Erneuerung begreifen. In einem sich stark wandelnden Markt – das ist ein alter Allgemeinplatz – haben diejenigen Markt-Teilnehmer die besten Chancen als Gewinner hervorzugehen, die sich frühzeitig in diesem Prozess erfolgreich positionieren können. Die Komplexität der Sachverhalte, Ungewissheit, Unberechenbarkeit und allseitige Mehrdeutigkeit eröffnen gleichzeitig ungeheure Potenziale für neue Dienstleistungen und innovative Produkte. Der allgemeine Trend zum Outsourcing von Nicht-Kerntätigkeiten wirkt zusätzlich umsatzfördernd. Aufgrund der wachsenden Komplexität werden Spezialisten und Produkte benötigt, die den Alltag des Kunden erleichtern. Wer sein Unternehmen frühzeitig auf diese neuen Entwicklungen einstellt, wird in diesen Themenbereichen im Marktvergleich brillieren können.

Gerade in der Gründungsphase aber auch danach, geht es vielen Unternehmern so, dass sie so ausgelastet sind und daher glauben, für Themen wie Unternehmensnachhaltigkeit, Entwicklung des Unternehmens, Mitarbeiterführung keine Zeit und Kraft zu haben. Der Alltag einer Führungskraft ist chronisch durch Zeitmangel und einen zerstückelten Arbeitstag geprägt, in dem sie kaum Zeit zum Nachdenken findet. Doch gerade durch die mangelnde Feinjustierung der Ausrichtung des

---

[4] Das „Doing" bezeichnet die tatsächliche Verrichtung von Aufgaben, während das „Dealing" Verhandlungsführungen und das Abschließen von Verträgen umfasst.

Unternehmens gelangen sie oft in eine Art „Hamsterrad". Infolgedessen opfert der Unternehmer die eigene Gesundheit, das Familienleben und vielleicht sogar die Lebensqualität, in dem Irrglauben, dass es nicht „anders ginge".

An dieser Stelle wird häufig ein bedauerlicher Domino-Effekt in Gang gesetzt: Nehmen die Kunden und Mitarbeiter den Inhaber als gestresst wahr, stellt sich schnell Unzufriedenheit an dessen Produkten oder Dienstleistungen ein. Bald darauf wenden sich Mitarbeiter und Abnehmer ab, suchen andere Anbieter oder neue Betätigungsfelder auf.

Außerdem führen die oben genannten Faktoren (Unsicherheit, Zeitmangel etc.) häufig zu einem Aktionismus, bei dem um des Tuns willen gehandelt wird, ohne dass dabei aus Unternehmenssicht ein erstrebenswertes Ziel verfolgt wird. Nach einer Untersuchung von Heike Bruch (Universität St. Gallen) und Sumantra Ghoshal (London Business School) verbringen 90 % aller Manager ihre Zeit nicht effizient (Bruch und Ghoshal 2003).

Wie der Abb. 1.6 zu entnehmen ist, gelingt es nur 10 % der Führungskräfte ihren Fokus bzw. ihre konzentrierte Aufmerksamkeit zielgerichtet, engagiert und reflektiert einzubringen. Ein großes Maß an „Energie" ist hier als ein hoher Grad an persönlichem Einsatz zu verste-

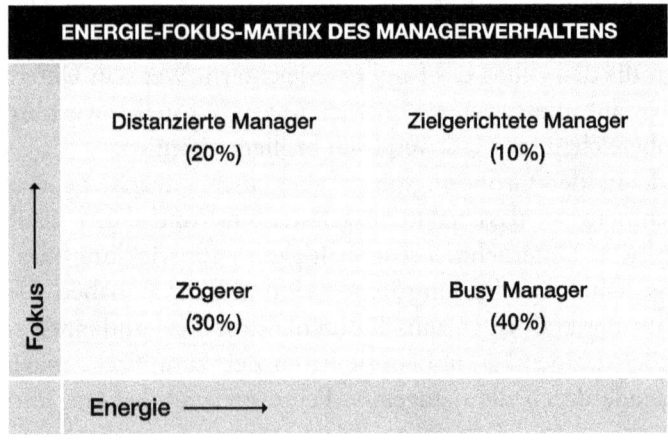

Abb. 1.6 Die Energie-Fokus-Matrix nach einer Studie von Heike Bruch und Sumantra Ghoshal aus dem Jahr 2006

hen. Mithilfe dieser Energie gelingt es der Führungskraft, trotz knapper Ressourcen und Hindernisse trotzdem bestimmte Ergebnisse zu erzielen. Die positiven Auswirkungen von Energie und Fokussierung werden im Arbeitsalltag jedoch häufig gehemmt: So gelingt es der Gruppe der „Zögerer" nicht, neben der Bewältigung der Routineaufgaben die Initiative für die notwendigen Neuerungen und Kursänderungen vorzunehmen. Aus Furcht vor falschen Entscheidungen oder Ratlosigkeit geschieht zu lange nichts oder man lässt im schlimmsten Fall sogar alle Gelegenheiten zum rechtzeitigen Handeln verstreichen. Diese Gruppe nimmt 30 % der Gesamtanzahl der Führungskräfte ein.

Die größte Gruppe sind jedoch die so genannten „beschäftigten Manager" (*busy manager*) mit einem Anteil von 40 %. Diese Gruppe ist zwar äußerst energiegeladen, handelt jedoch bei der Ausübung der Aufgaben nicht sehr fokussiert, sondern eher aktionistisch und wenig bedacht: Eine überlegte Strategie, die auf die Herbeiführung bestimmter Resultate setzt, verfolgen sie in der Regel nicht.

Die Gruppe der „Distanzierten Managern" besitzt wiederum ein hohes Maß an Fokussierung, aber nur wenig Energie. Sie fühlt sich häufig erschöpft und hat nicht die Kraft, die aus ihrer Sicht notwenigen Strategien im Unternehmen umzusetzen. Unsicherheit, Angstgefühle und Frustration führen dazu, dass diese Gruppe häufig nur das realisiert, was als Mindestmaß notwendig ist, um den „Laden am Laufen zu halten". Gerade diese Gruppe ist besonders anfällig für Stress-Erkrankungen wie Burn-out.

Tatsächlich ist die Gruppe der zielgerichteten Führungskräfte mit 10 % die kleinste. Da sie sowohl über die Energie als auch den Fokus verfügt, ist nur sie in der Lage, ihre langfristigen Strategiemaßnahmen entsprechend zu verwirklichen und durchdachte Entscheidungen zu treffen.

Wer also nicht Gefahr laufen möchte, in die Gruppe der „Zögerer", der „beschäftigten Manager" (Busy Manager) oder der „distanzierten Manager" zu fallen, sollte mit seinem Fokus und seiner Energie behutsam umgehen. Vor allem sollte mehr an sich **selbst** und **AM** Unternehmen gearbeitet werden, bevor **IM** Unternehmen gearbeitet wird. Ähnlich wie bei einer stumpfen Säge, mit der sich das Holz nur sehr zeitaufwändig sägen lässt, lohnt es sich kurz die Säge zu schärfen und anschließend das Holz schneller zu sägen.

1.4 Zwischenfazit

Die Herausforderungen der VUCA-Welt sind gewaltig. Die Digitalisierung und Automatisierung stehen derzeit noch in den Anfängen: welche tiefreifenden ökonomischen, politischen und gesellschaftlichen Umwälzungen diese langfristig bewirken werden, darüber lässt sich zu diesem Zeitpunkt nur spekulieren.

Dennoch sollte man die neuen Aufgaben und Ansprüche möglichst nicht als Bedrohung oder gar Katastrophe, sondern als Chance begreifen. Gut aufgestellte Unternehmen können sich trotz der Unberechenbarkeit, ständigen Ungewissheit, hohen Komplexität und allseitigen Mehrdeutigkeit dennoch auf dem Markt langfristig behaupten.

In einer Welt des ständigen Wandels laufen Führungskräfte heute in Gefahr, sich in unsinnigem Aktionismus, einer Angst- und Unsicherheitsstarre oder Erschöpfung zu verstricken. Doch sie können sich stattdessen für die Neuerungen wappnen, indem sie die Ausrichtung ihres Unternehmens fortlaufend nachjustieren und überprüfen.

Hierfür gibt Ihnen dieses Buch mit der von mir entwickelten „3 × 4 = Alles"-Methode einen Zwölfpunkteplan und zugleich ein Geschäftsmodell zur Hand, mit denen Sie Ihr Unternehmen auf einen langfristigen Erfolg – auch in stürmischen Zeiten – ausrichten und mit dem Sie auf die vielfachen Herausforderungen der VUCA-Welt schnell und flexibel reagieren können.

2
Der Stakeholder-Ansatz

Jeder Gründer möchte sein Unternehmen zum Erfolg führen. Nur wie man hierbei am besten vor? Dieses Kapitel führt Sie in die Grundthesen der von mir entwickelten „3 × 4 = Alles"-Methode ein und erläutert einige wirtschaftswissenschaftliche Grundbegriffe wie die Koalitions- und Anreiztheorie sowie den Stakeholder- und Shareholderansatz. Außerdem legt dieses Kapitel dar, mit welchen Stakeholdern von Unternehmen typischerweise interagiert wird.

2.1 Die wirtschaftlichen Grundlagen: die Koalitions- und die Anreiztheorie

Als Gründer haben Sie ein neues Unternehmen geschaffen. Bevor man sich dem Stakeholder-Management und seiner Optimierung widmen kann, stellt sich zunächst die Frage, was für ein organisatorisches Modell dieses Unternehmen darstellt. Nach der Koalitionstheorie von Cyert und March (1963) verfolgt ein Unternehmen selbst als Organisation keine eigenständigen Ziele. Diese werden ausschließlich durch die Personen getragen, die mit dem Unternehmen in Beziehung stehen. Jedes

Unternehmen interagiert mit einer Vielzahl von Individuen, die versuchen ihre Ziele und Erwartungen in Bezug auf das Unternehmen zu verwirklichen. Daher betrachtet die Koalitionstheorie ein Unternehmen als eine Koalition von Personen bzw. Gruppen, die Verbindung mit dem Unternehmen aufnehmen, um auf dieser Weise bestimmte Ziele (besser) zu erreichen. Um Nutzen aus dem Unternehmen ziehen zu können, müssen die verschiedenen Gruppen und Personen jedoch zunächst bestimmte Beiträge für das Unternehmen leisten. Im Gegenzug bietet das Unternehmen wiederum für die einzelnen Koalitionspartner verschiedene Anreize an.

Nach der so genannten Anreiz-Beitrags-Theorie[1] müssen diese Anreize und Beiträge in einen Gleichgewichtszustand gebracht werden, um den langfristigen Erfolg des Unternehmens herzustellen. Dieses Gleichgewicht ist jedoch nur dann gegeben, wenn materielle und immaterielle Anreize für Teilnehmer größer oder zumindest gleich hoch sind, wie die von ihnen geleisteten Beiträge im Rahmen der Aufgabenerfüllung. Die Größe des Anreizes bemisst sich hierbei nach dem subjektiven Nutzen für den jeweiligen Teilnehmer. Die Höhe des Beitrags wird anhand des subjektiv empfundenen Maßes an Verzicht gemessen, die dem Teilenehmer entsteht, dass er seine Leistung dieser und nicht einer anderen Organisation anbietet. Grundsätzlich lässt sich zusammenfassen, dass nicht nur die Anspruchsgruppen Erwartungen an das Unternehmen richten, sondern dieses umgekehrt einen bestimmten Beitrag fordert. Der Austausch zwischen dem Unternehmer und seinen Stakeholdern ist daher immer als Wechselbeziehung zu betrachten.

> **Merksatz**
>
> Nach der Anreiz-Beitrags-Theorie muss der Anreiz für die Teilnehmer dauerhaft überwiegen, damit die verschiedenen Individuen langfristig an dem System teilnehmen und somit der langfristige Erfolg des Unternehmens gesichert ist.

---

[1] Die wichtigsten Vertreter der Anreiz-Beitrags-Theorie sind der Sozialwissenschaftler Herbert A. Simon, der US-amerikanische Organisationstheoretiker James Gardner March sowie der US-amerikanische Unternehmensleiter und soziologische Management-Theoretiker Chester I. Barnard.

Aber wer sind genau die Personen und Gruppen, die mit dem Betrieb in Austausch stehen?

In der Lehre der Unternehmensführung werden zwei verschiedene Ansätze genannt, die unterschiedliche Anspruchsgruppen beinhalten: der Stakeholder- und der Shareholder-Ansatz.

2.2 Der Stakeholder-Ansatz

Der Stakeholder-Ansatz (siehe Abb. 2.1) wurde in der Managementbeziehungsweise Betriebswirtschaftslehre entwickelt. Dieses Modell basiert auf dem Gedanken, dass ein Unternehmen niemals im unabhängigen, freien Raum handelt, sondern mit verschiedenen Interessensgruppen interagiert. Der Begriff „Stakeholder" bedeutet aus dem Englischen übersetzt „Teilhaber" oder „Anspruchsgruppe".

Nach diesem Konzept sollte der Unternehmer die Stakeholder beziehungsweise deren Erwartungen und Anforderungen kennen und

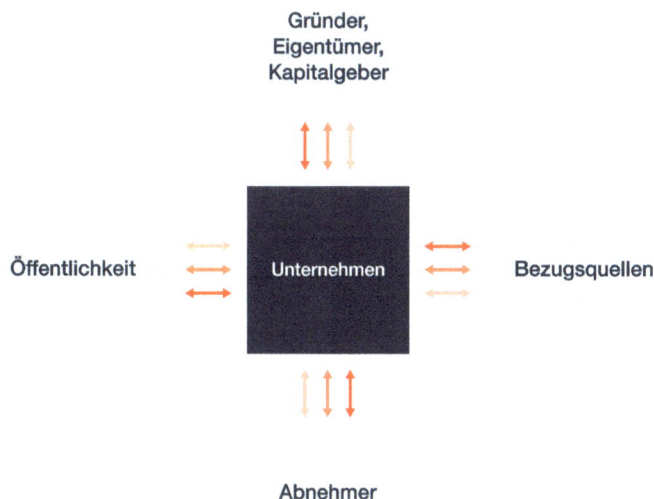

Abb. 2.1 Der Stakeholder-Ansatz

berücksichtigen, da nur so eine langfristige Zusammenarbeit gewährleistet ist. Demnach werden der Zweck, die Ziele und die Strategie eines Unternehmens darauf ausgerichtet, dass die Interessen der wichtigen und einflussreichen Anspruchsgruppen erfüllt werden. Missachtet ein Unternehmen die Erwartungen seiner Stakeholder, stellt dies ein großes Risiko dar, das sogar die Existenz des Unternehmens bedrohen kann.

Im deutschsprachigen Raum wird der Stakeholder-Ansatz insbesondere durch die Vertreter der St. Galler Schule[2] als der angemessene Ansatz in der Unternehmensführung gefordert. Für die Führungspersönlichkeit bedeutet dieser Ansatz, dass sie die Bedürfnisse der Anspruchsgruppen zunächst zu ermitteln und anschließend zu berücksichtigen hat.

2.3 Abgrenzung zum Shareholder-Ansatz

Das Modell der Stakeholder wird in der Management- und Betriebswirtschaftslehre von dem sogenannten Shareholder-Konzept begrifflich abgegrenzt. Die Shareholder sind die Eigentümer beziehungsweise Anteilseigner eines Unternehmens.

Der Shareholder-Ansatz (siehe Abb. 2.2) besagt, dass das Unternehmen vornehmlich darauf ausgerichtet ist, die Erwartungen der eigenen Anteilseigner zu erfüllen. Ziel der Shareholder ist die Gewinnerhöhung beziehungsweise die möglichst hohe Verzinsung ihres investierten Kapitals. Den Shareholder-Ansatz findet man vornehmlich in Großunternehmen. Das Management dieser Firmen orientiert sich folglich vorwiegend an den wirtschaftlichen Zielen der Anteilseigner. In der Praxis bedeutet dies in der Regel, dass eine Steigerung des Aktienkurses in Verbindung mit einer Erhöhung des Umsatzes und des Gewinns angestrebt wird. Die Interessen anderer Personen und Interessengemeinschaften werden zwar im Rahmen des Möglichen wahrgenommen, sie können jedoch nur berücksichtigt werden, sofern sich dies auch positiv auf die erwünschte Wertsteigerung auswirkt.

Der Shareholder-Ansatz ist daher hauptsächlich auf die Befriedigung der Interessen der Eigentümer gerichtet, die in der Regel vornehmlich

---

[2] Diese Schule ist aus der Managementhochschule St. Gallen in der Schweiz hervorgegangen.

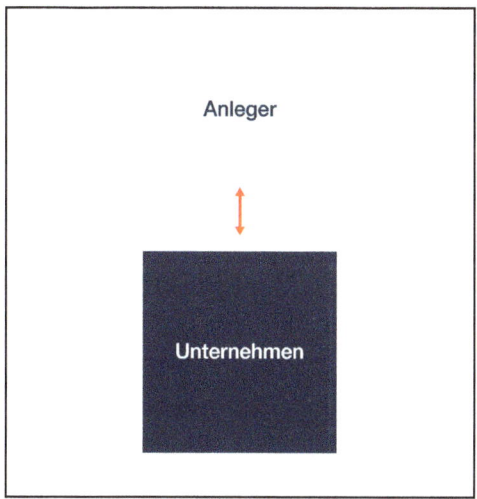

Abb. 2.2 Der Shareholder-Ansatz

viele und schnelle Gewinne erzielen bzw. den Wert des Unternehmens erhöhen möchten. Für die Führungspersönlichkeit bedeutet dieses Modell, dass sie ihre Führung auf die Vermehrung des Vermögens der Eigentümer zu richten hat. Hierbei unterstellt das Modell, dass sich die Aktienmärkte, auf die sich die Maßnahmen der Unternehmensführung beziehen, – zumindest langfristig- berechenbar und rational verhalten. Nur in diesem Fall entsprechen die Aktiengewinne den zukünftigen, tatsächlichen Gewinnchancen des Unternehmens.

Bei mittelständischen Unternehmen wird man diesen Management-Ansatz in der Regel nur vor dem Verkauf einer Firma vorfinden, um den Wert des Unternehmens entsprechend zu steigern.

2.4 Die verschiedenen Anspruchsgruppen im Stakeholder-Ansatz

Wer sind nun diese Anspruchsgruppen, die es zu berücksichtigen gilt? Grundsätzlich sind Stakeholder Personen oder Institutionen, die eine bestimmte Erwartung an den Betrieb (siehe Abb. 2.3) richten.

Anspruchsgruppen		Interessen / Ziele
interne Anspruchsgruppen	Gründer | Eigentümer	- Einkommen/ Gewinn - Entscheidungsautonomie - Erfolg
	Kapitalgeber	- sichere Geldanlage - Zuwachs an Vermögen
	Mitarbeiter	- faires Einkommen - soziale Absicherung - persönliche Fortentwicklung - sinnvolle Aufgaben - soziale Kontakte am Arbeitsplatz - Anerkennung
	Lieferanten	- günstige Konditionen - zahlungsfähige Kunden/ Abnehmer - dauerhafte Kunden/ Abnehmer
externe Anspruchsgruppen	Abnehmer	- angemessene Marktleistung zu einem günstigen Preis
	Konkurrierende Anbieter	- faires Marktverhalten - Kooperationen
	Öffentlichkeit	- Steuern - Bereitstellen von langfristigen und sicheren Arbeitsplätzen - Sozialleistungen - Einhalten von Rechtsvorschriften - Mitwirkung an der politischen Willensbildung - umweltfreundliches Verhalten - Förderung von Bildung, Wissenschaft, und Kultur - positive Beiträge zur Infrastruktur

Abb. 2.3 Der Stakeholder-Ansatz

Je nach Branche steht ein Unternehmen zwar unterschiedlichen Stakeholdern gegenüber, diese lassen sich jedoch insgesamt in und vier Gruppen einteilen:

2.4.1 Gruppe 1: Gründer, Eigentümer und Kapitalgeber

Die erste Gruppe bilden die Eigentümer und Kapitelgeber. Aus Sicht der Inhaber und Kapitalgeber soll das Unternehmen vorwiegend Einkommen und Gewinne erzeugen und sich als sichere Kapitalanlage erweisen. Zusätzlich wünschen sich viele Gründer und Inhaber, dass sie ihre Ideen gestalten und eine Entscheidungsautonomie ausüben können.

Die Stakeholder-Gruppe der Gründer, Eigentümer und Kapitalgeber wird in Teil II dieses Buches besprochen.

2.4.2 Gruppe 2: Bezugsquellen

Als Bezugsquellen eines Unternehmers versteht man die Mitarbeiter, das eigene Management, Freelancer und Lieferanten.

Grundsätzlich wünschen sich die Mitarbeiter neben einem gut bezahlten und sicheren Arbeitsplatz, eine sinnvolle Tätigkeit, mit der sie in Wertekongruenz stehen. Für ihren Arbeitsbeitrag möchten sie Anerkennung und Wertschätzung erhalten. Darüber hinaus erwarten sie eine angenehme Unternehmenskultur mit Gruppenzugehörigkeit und einen positiven sozialen Austausch. Zu der Gruppe der Mitarbeiter zählen in mittelständischen und größeren Betrieben auch die Manager und Führungskräfte, die ebenfalls nach Entscheidungsautonomie und Gestaltungsfreiheit streben.

Lieferanten und freie Mitarbeiter (Freelancer) sind an guten Liefer- bzw. Geschäftsbeziehungen mit vorteilhaften Konditionen, der pünktlichen Zahlung ihrer Rechnungen und der Zahlungsfähigkeit des Unternehmens interessiert. Eine zielführende und wertschätzende Kommunikation wird häufig zusätzlich als selbstverständlich vorausgesetzt.

Die Stakeholder-Gruppe der Bezugsquellen wird in Teil III dieses Buches behandelt.

2.4.3 Gruppe 3: Abnehmer

Die Abnehmer sind die Kunden, Nutzer, Patienten oder Mandanten. Diese Anspruchsgruppe sollte idealerweise von dem Produkt oder der angebotenen Dienstleistung begeistert oder zumindest überzeugt sein. Der Abnehmer ist stets auf der Suche nach einer qualitativen und quantitativen Marktleistung zu günstigen Preisen. Neben den guten Konditionen erwartet er in der Regel außerdem einen guten Service, Fachkompetenz und ein gewisses Maß an Erreich- und Ansprechbarkeit, die je nach Branche unterschiedlich groß ausfällt.

Teil IV dieses Buches erörtert die Stakeholder-Gruppe der Abnehmer.

2.4.4 Gruppe 4: Die Öffentlichkeit

Unter dem Begriff Öffentlichkeit lassen sich Staat und Gesellschaft, lokale und nationale Behörden, ausländische und inländische Organisationen, (Interessen-) Verbände, politische Parteien, Bürgerinitiativen und die allgemeine Öffentlichkeit erfassen. Die Beziehung des Unternehmens zur allgemeinen Öffentlichkeit wird besonders durch die externe Unternehmenskommunikation und Pressearbeit geprägt. Aufgrund ihrer Komplexität stellt diese Gruppe vielschichtige Anforderungen an das Unternehmen

Grundsätzlich erwartet diese Stakeholder- Gruppe von dem Unternehmen die Zahlung von Steuern, das Bereitstellen von (sicheren) Arbeitsplätzen, das Erbringen von Sozialleistungen, die Einhaltung von Rechtsvorschriften und Umweltverträglichkeit, die Teilhabe an der politischen Willensbildung sowie Unterstützung kultureller, sozialer oder wissenschaftlicher Einrichtungen und Institutionen. Mit zunehmender Größe des Unternehmens steigen die allgemein-gesellschaftlichen Erwartungen.

Zu dem Bereich der allgemeinen Öffentlichkeit gehören die konkurrierenden Anbieter auf dem Markt, die besondere Anforderungen an das Unternehmen stellen. Sie möchten mit diesem auf branchenpolitischer Ebene kooperieren und erwarten die Einhaltung von fairen Marktverhalten.

Die Stakeholder-Gruppe der allgemeinen Öffentlichkeit wird in Teil V dieses Buches besprochen.

Die Erwartungen der jeweiligen Anspruchsgruppe stehen stets in Wechselwirkung mit den Ansprüchen des Unternehmens an diesen Personenkreis.

Exkurs: Stakeholder in meiner Steuerkanzlei

In diesem Exkurs erläutere ich die grundsätzliche Wechselbeziehung der Anspruchsgruppen zu dem Unternehmen an dem Beispiel meiner eigenen Steuerkanzlei. In meiner beruflichen Arbeit gehe ich täglich mit meinen Stakeholdern um und habe ihre Bedürfnisse und Erwartungen stets im Auge.

Für Steuerkanzleien lassen sich vier Stakeholder-Gruppen definieren (siehe Abb. 2.4):

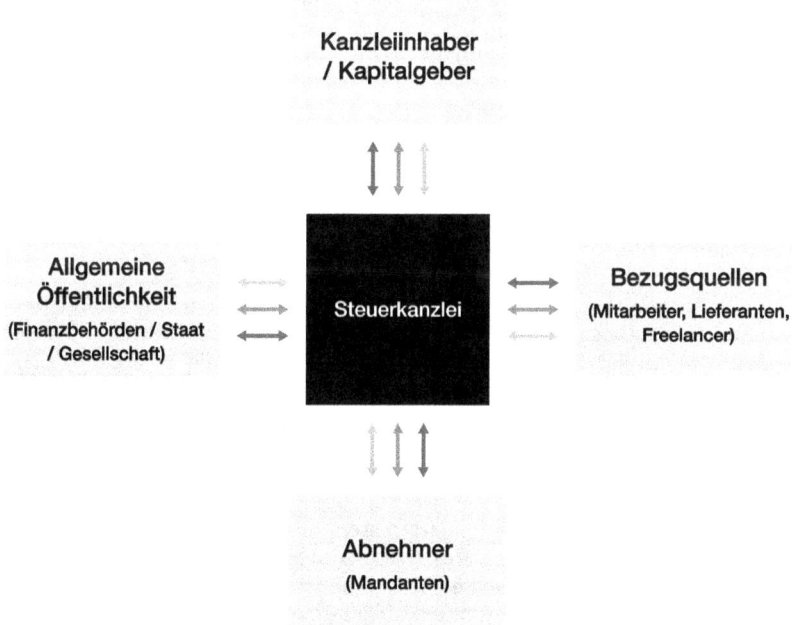

Abb. 2.4 Anspruchsgruppen einer Steuerkanzlei

1. Kanzleiinhaber/Kapitalgeber
2. Bezugsquellen: Mitarbeiter/Lieferanten (Freelancer)
3. Abnehmer: Mandanten
4. Allgemeine Öffentlichkeit: Finanzbehörden/Staat/Gesellschaft

In den folgenden Abschnitten betrachte ich die Ziele meiner einzelnen Anspruchsgruppen in der jeweiligen Wechselwirkung etwas genauer:
Der Inhaber und Partner an die Kanzlei
Die Ziele des Inhabers oder der Partner bestehen darin, dass die Kanzlei nachhaltig hohe entnahmefähige Gewinne erwirtschaftet und einen stetigen Wertzuwachs erfährt. In diesem Stakeholder- Bereich stellt sich die Frage, wie sich der Kanzleiinhaber zu seinem Unternehmen positioniert. Arbeitet er mehr IN der Kanzlei oder AN der Kanzlei? Investiert er eine 80-Stunden-Woche oder legt er Wert auf ein ausgewogenes Arbeit-Freizeit-Verhältnis? Die meisten Inhaber werden eine 40-Stundenwoche anstreben, die ein gutes Auskommen gewährt und viel Raum für positive Interaktion mit den Mitarbeitern und Mandanten beinhaltet.
Die Kanzlei gegenüber Inhabern und Partnern
Das Unternehmen benötigt gesunde und leistungsfähige Führungsköpfe, die der Kanzlei eine Vision, eine Mission und damit entsprechende Ziele vermitteln können. Der Inhaber benötigt eine hohe Kompetenz in allen Bereichen, damit er als Impulsgeber wirken und ein innovatives und nachhaltiges Wirtschaften des Betriebs sicherstellen kann.
Die Mitarbeiter an die Kanzlei
Die Mitarbeiter erwarten von dem Unternehmen ein faires, angemessenes Gehalt sowie einen möglichst sicheren Arbeitsplatz. Gute innerbetriebliche Entwicklungsmöglichkeiten, ein ausgeglichenes Betriebsklima sowie ein ausgewogenes Verhältnis zwischen Arbeit und Freizeit sind ebenfalls von zentraler Bedeutung für das Team.
Die Kanzlei an die Mitarbeiter
Der Betrieb erwartet, dass sich durch die Tätigkeit der Mitarbeiter ein hoher Umsatz, beziehungsweise zumindest der Deckungsbeitrag erzielen lässt. Auf fachlicher Ebene möchte die Kanzlei, dass die Mitarbeiter sich weiter- und fortbilden. Da gutes Personal nicht einfach zu finden ist, vertraut die Kanzlei zumeist darauf, dass das Personal langfristig in dem Unternehmen verbleibt. In interpersoneller Hinsicht sind Beiträge zur Teamleistung sowie ein optimaler Umgang untereinander und mit den Mandanten gefordert.

Die Stakeholder interagieren nach diesem Ansatz selbstverständlich nicht nur mit der Kanzlei, sondern treten auch untereinander in Kontakt. Jeder Mitarbeiter einer Steuerkanzlei ist beispielsweise bei seiner/ihrer Arbeit nicht nur auf die Kollegen, sondern auch auf den Inhaber angewiesen, um die eigene Leistung optimal erbringen zu können. Darüber hinaus benötigt er bestimmte Arbeitsgeräte wie beispielsweise aktuelle Software und funktionierende Hardware, die von den entsprechenden Lieferanten zur Verfügung gestellt werden. Während des Arbeitsprozesses ist der Mitarbeiter zusätzlich auf die Mitwirkung der Mandanten angewiesen, die die benötigten Unterlagen und Informationen zur Verfügung stellen. Und schließlich muss in Zusammenarbeit mit den staatlichen oder halbstaatlichen Stellen (Finanzämter, Gerichte, Krankenkassen etc.) die Akzeptanz der Leistung hergestellt werden.

Die Mandanten an die Kanzlei
Die Mandanten erwarten von der Kanzlei eine qualitativ hochwertige Beratungsleistung zu einem angemessenen Preis. Zudem verlangen sie zu Recht Zuverlässigkeit, Pünktlichkeit, Erreichbarkeit sowie einen empathischen Umgang von allen Beteiligten. Da der Mandant die fachliche Leistung häufig nicht beurteilen kann, nimmt er überwiegend die interpersonellen Fähigkeiten des Beraters wahr.

Die Kanzlei an die Mandanten
Im Gegenzug setzt das Unternehmen die Bereitschaft des Mandanten voraus, ein angemessenes Honorar pünktlich zu bezahlen. Grundsätzlich erhofft sich die Kanzlei in der Regel eine langfristige Kundenbeziehung, die eventuell eine Empfehlung an Dritte miteinschließt. Selbstverständlich bevorzugt die Kanzlei darüber hinaus eine Zusammenarbeit mit Mandanten, mit denen eine stressfreie, gute interpersonelle Interaktion möglich ist.

Verschiedene staatliche, halbstaatliche und private Stellen gegenüber der Kanzlei
Als Organ der Rechtspflege ist es für eine Steuerkanzlei von überragender Bedeutung, dass sie sich in ihrem Handeln zu jedem Zeitpunktpunkt in vollkommener Übereinstimmung mit dem Gesetz befindet. Die verschiedenen Behörden wie Finanzämter, Sozialkassen, Zoll, aber auch halbstaatliche oder gesellschaftliche Partner wie Banken, Versicherungen, Steuerberaterkollegen, Rechtsanwälte, Wirtschaftsprüfer, Notare erwarten von der Kanzlei, dass die vorgesehenen Vorgaben lückenlos eingehalten und bestimmte Informationen richtig und innerhalb festgelegter Fristen zur Verfügung stellen.

Die Kanzlei gegenüber verschiedenen staatlichen, halbstaatlichen und privaten Stellen
Die Kanzlei möchte vorwiegend eine professionelle (in prozessualer, fachlicher und interpersoneller Hinsicht) und störungsfreie Zusammenarbeit mit den staatlichen, halbstaatlichen und privaten Stellen.

2.5 Risiken im Stakeholder-Management

Warum lohnt es sich für einen Gründer Zeit und Geld in das Stakeholder-Management zu investieren? Werden die Anspruchsgruppen nicht erfolgreich in Ausgleich gebracht, kann dies für das Unternehmen schwerwiegenden Folgen haben. Kunden beschweren sich, wandern zu anderen Anbietern ab und erwerben nicht mehr die angebotenen Produkte und Dienstleistungen. In anderen Fällen erhalten die Unternehmen schlechte Bewertungen in Verbrauchertests, da bestimmte von den Kunden gewünschte Kriterien nicht vorhanden sind, so dass infolgedessen die Verkaufszahlen sinken.

Gelingt es dem Unternehmen nicht, sein Personal langfristig an sich zu binden, verlieren sie mit dem Weggang der Mitarbeiter wichtige Ressourcen. In besonders harten Fällen leidet das Image des Betriebs, was zu einem weiteren Rückgang an Umsatz und Cashflow bis zur Insolvenz führen kann.

In bestimmten Branchen wie beispielsweise in der Landwirtschaft oder Luftfahrt müssen die Unternehmen zudem spezielle Genehmigungen von verschiedenen Behörden oder Dienststellen einholen. Werden diese Vorgaben nicht erfüllt, droht dem Unternehmen die rasche Schließung.

2.6 Stakeholder-Dialoge

Bevor man die Ziele der verschiedenen Stakeholder ausgleichen kann, muss von deren Bedürfnissen zunächst überhaupt Kenntnis genommen werden. Dies mag bei einem kleinen bis mittelständischen Betrieb kein Problem darstellen, da man täglich mit seinen Anspruchsgruppen in Kontakt und im Gespräch ist. Bei größeren Konzernen können die Erwartungen der allgemeinen Öffentlichkeit schwerer zu erkennen sein. Um die Ziele der Stakeholder effizient ermitteln zu können, wurde das Werkzeug der Stakeholder-Dialoge entwickelt. Hierbei handelt es sich um ein Instrument des so genannten *CSR-Management (Corporate Social Responsibility,* siehe Abschn. 15.3).

Der Stakeholder-Dialog beinhaltet ein strukturiertes Gespräch zwischen Unternehmensvertretern und Anspruchsgruppen. Dieser Austauscht dient der Ermittlung der Interessen der Stakeholder.

Hierbei wird in einem diskursiven Prozess die subjektive Wahrnehmung beziehungsweise das öffentliche Image des Unternehmens erforscht, ohne dass dieses in der Regel darüber hinausgehende Verpflichtungen eingeht. Handelt es sich um einen Konzern oder ein größeres Unternehmen, wird erwartet, dass hochrangige Unternehmensvertreter an den Gesprächen teilnehmen, die eine tatsächliche und umfassende Entscheidungsmacht innehaben. Dies gilt in der öffentlichen Wahrnehmung als Gradmesser für die Ernsthaftigkeit des unternehmerischen Willens, die Ergebnisse des Dialogs zu berücksichtigen und anschließend entsprechend zu verankern. In diesem Fall sollte der Dialog zudem durch eine externe Organisation moderiert werden,

Die Vorteile von Stakeholder-Dialogen liegen auf der Hand. Zunächst fördern sie das Verständnis für CSR im Unternehmen. Die Anliegen der Stakeholder werden erkannt und können implementiert werden, was sich wiederum begünstigend auf den Umsatz auswirken kann. Durch die Stakeholder-Dialoge erhält der Betrieb die Chance, an dem Know-how seiner Stakeholder teilzuhaben. Zudem können sie die Dialoge als Instrument zur Konfliktprävention, Trendbeobachtung und Plattform zur Anbahnung neuer Geschäftsbeziehungen und Kooperationen nutzen.

Der Prozess der Stakeholder-Prozesse vollzieht sich typischerweise in vier Phasen (siehe Abb. 2.5):

Phase 1: Einbeziehen und Erforschen
In dieser Phase wird zunächst ermittelt, wer die Stakeholder sind, um diese anschließend zu den Gesprächen einzuladen. Da diese Anspruchsgruppen gelegentlich in ganz anderen Kontexten agieren, ist es wichtig, diese fachfremden Handlungsfelder zu verstehen. Wichtig ist zudem, dass die einbezogenen Stakeholder selbst ein Interesse an den Veränderungen des Unternehmens haben. In dieser Phase ist außerdem zu überlegen, ob bestimmte Studien als Grundlage benötigt werden, um den Prozess aus Unternehmenssicht sinnvoll gestalten zu können. Zusätzlich sollte in dieser Phase entschieden werden, ob zum Umsetzen eventueller Änderungen möglicherweise weitere Partner hinzuziehen sind.

Abb. 2.5 Modell für Stakeholder-Dialoge

Stakeholder-Dialoge können nur dann gelingen, wenn die Unternehmensvertreter die Anspruchsgruppen und ihr Anliegen ernst nehmen und die Gespräche offen, konstruktiv und ehrlich stattfinden können. Aufmerksamkeit und die Fähigkeit zum aktiven Zuhören, Geduld und die Wertschätzung des Gegenübers sind unverzichtbare Schlüsselkompetenzen in diesem Prozess.

Phase 2: Konkrete Planung
In der Planungsphase werden die gemeinsamen Ziele vereinbart und eine gemeinsame Planung erarbeitet. Um diese Strategie zusammen entwickeln zu können, müssen zunächst der Gesprächsprozess strukturiert und möglicherweise bereits vorab verschiedene Vereinbarungen getroffen werden.

Phase 3: Umsetzung und Implementierung
In der Umsetzungsphase werden die zuvor gemeinsam vereinbarten Meilensteine realisiert und im Unternehmensalltag verankert. Damit die Implementierung der neuen Prozesse und Regeln erfolgreich verläuft,

müssen zuvor die benötigen Lern- und Kommunikationsstrukturen zwischen den verschiedenen Gruppen hergestellt werden.

Phase 4: Ausbau und Ausblick
Häufig enden die Stakeholder-Dialoge nach der dritten Phase und der erfolgreichen Implementierung. In anderen Fällen ist es ratsam oder notwendig, mit den Stakeholdern dauerhaft im Dialog zu bleiben, wenn eine Institutionalisierung der Gespräche gewünscht ist. In dieser vierten Ausbauphase können neue Unterstützer gewonnen werden. Der Dialog wird beispielsweise weiterentwickelt, um neue Aspekte und Anliegen abzudecken. Bestehende Lern- oder Steuerungsstrukturen müssen in dieser Phase eventuell erneuert oder modifiziert werden.

Eine Übersicht über die vier Phasen der Stakeholder-Dialoge finden Sie in Abb. 2.6.

2.7 Zwischenfazit

Warum lohnt es sich für Gründer sich mit Stakeholder-Management auseinander zu setzen? Unternehmen operieren nicht in einem Vakuum, sondern in konkreten Zusammenhängen. Um einen nachhaltigen Unternehmenserfolg zu erreichen, handeln kleine und mittelständische Unternehmen in der Regel nach dem Stakeholder-Ansatz. Dieser verfolgt das Ziel, die Ansprüche der vier Interessengruppen bestmöglich zu erfüllen.

Die vier Anspruchsgruppen sind:

1. Kategorien Gründer/Unternehmer/Kapitalgeber
2. Bezugsquellen
3. Abnehmer
4. die allgemeine Öffentlichkeit

Im Gegensatz hierzu zielt der Shareholder-Ansatz vornehmlich auf die Befriedigung der Interessen von Eigentümern und Anteilsinhabern.

Übersicht: Die vier Phasen des Stakeholder Dialogs		
Phase 1	Einbeziehen und Erforschen	- Ermittlung und Einladung der Stakeholder - Entwicklung eines Verständnisses für die Handlungsfelder der Stakeholder - Aufbau einer Dialoggruppe
Phase 2	Konkrete Planung	- Festlegung gemeinsamer Ziele - Strukturierung der Gespräche und Vereinbarungen - Strategieentwicklung
Phase 3	Umsetzung und Implementierung	- Realisierung der Meilensteine - Implementierung neuer Prozesse - Bildung von Lern- und Kommunikationsstrukturen
Phase 4	Ausbau und Ausblick	- Institutionalisierung - Gewinnung neuer Gesprächspartner - inhaltliche Fortentwicklung

Abb. 2.6 Die vier Phasen der Stakeholder-Dialoge

Dieses Modell wird überwiegend von börsennotierten Unternehmen praktiziert.

Berücksichtigt ein kleines oder mittelständisches Unternehmen die Anliegen seiner Anspruchsgruppen nicht genügend, dann drohen die Abwanderung der Abnehmer zu anderen Anbietern, der Verlust von kompetentem Fachpersonal oder Einbußen im Umsatz, die sogar zur Insolvenz führen können.

Um die Erwartungen und Ziele der verschiedenen Stakeholder genauer zu ermitteln, wurde für größere Konzerne das Instrument der Stakeholder-Dialoge entwickelt. Im Rahmen dieses Gesprächsprozesses lernen die Unternehmensvertreter nicht nur die Anliegen der Stakeholder in ihrem Kontext zu verstehen, sondern es werden zudem gemeinsame Ziele vereinbart, die anschließend nachhaltig in den Unternehmensalltag implementiert werden.

Für Gründer bietet der Dialog mit den Anspruchsgruppen eine große Chance, den Unternehmensstart zielgerichtet zu gestalten.

3

Vom Dreiklang der Exzellenz zur „3 × 4 = Alles"-Methode

Als Gründer steht man nach dem Stakeholder-Ansatz vor der Herausforderung, die vier Anspruchsgruppen in Ausgleich zu bringen, wenn man den dauerhaften Erfolg des Unternehmens sichern möchte. Wie geht man hierbei konkret vor?

Welche Maßnahmen zu ergreifen sind, richtet sich grundsätzlich nach Erwartungen der Stakeholder, die je nach Branche, Betriebsart und Größe sehr unterschiedlich ausfallen können. Die Stakeholder einer Eisdiele werden beispielsweise ganz andere Wünsche haben als die einer Schuhfabrik. Trotz aller Unterschiedlichkeit gibt es dennoch drei wichtige Kernkompetenzen, die das Verhältnis und den Umgang mit den Anspruchsgruppen wesentlich prägen. Diese drei unbedingt notwendigen Säulen des Unternehmenserfolgs, den „Dreiklang der Exzellenz", stelle ich Ihnen in diesem Kapitel im Kontext des Stakeholder-Managements vor.

3.1 Die drei Kernkompetenzen

Jedes Unternehmen benötigt für die Bewältigung seiner Aufgaben die notwendigen Kompetenzen. Nicht nur die Gründer, Inhaber und Führungskräfte, sondern alle Mitarbeiter des Unternehmens sollten die drei wichtigsten Kernfähigkeiten besitzen.
Diese drei Kernkompetenzen sind in Abb. 3.1 dargestellt.

3.1.1 Fachkompetenz

Unter Fachkompetenz versteht man das fachlich-technische Wissen aller Akteure, anhand dessen sie die berufstypischen Aufgaben und Sachverhalte selbstständig und eigenverantwortlich bewältigen.

3.1.2 Prozess-Know-how

Der Begriff Prozess-Know-how beschreibt das Handlungswissen beziehungsweise die Kenntnisse über prozedurale Vorgänge. Zu diesem Bereich zählen die Kenntnis von Lösungswegen zu den verschiedenen Vorgängen sowie das Wissen über das Zusammenspiel von Schnittstellen,

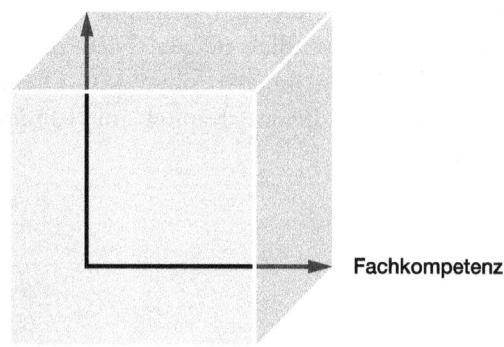

Abb. 3.1 Die drei Kernkompetenzen

über Verwaltungsabläufe, Dienstleistungen und den Umgang mit der Technik.

Das Handlungswissen ist zu einem großen Teil implizites Wissen, das im Rahmen der Berufserfahrung erworben werden kann. Neuerungen und Optimierungsmaßnahmen können jedoch Schulungen und Weiterbildungen notwendig machen.

3.1.3 Die interpersonelle Kompetenz

Die interpersonelle Kompetenz ist nicht nur in allen Dienstleistungsaspekten der unternehmerischen Tätigkeit eine wesentliche Schlüsselkompetenz, sondern sie spielt auch im täglichen Austausch zwischen den Mitarbeitern eine wichtige Rolle. Diese sozialen Fähigkeiten sind bei der Bewältigung von Aufgaben im Kontakt mit internen oder externen Anspruchsgruppen unverzichtbar. Ein empathischer, wertschätzender Umgang bei gleichzeitiger Vermeidung toxischer Verhaltensweisen sind hier von zentraler Bedeutung.

In den nachfolgenden Abschnitten werden die Kernkompetenzen ausführlicher erläutert.

3.2 Fachkompetenz

Egal ob man eine Gaststätte, einen Friseursalon oder ein digitales Startup betreibt, die notwendige Fachkompetenz ist stets eine zwingende Schlüsselvoraussetzung. In manchen Berufszweigen (Arzt, Apotheker etc.) bestehen normierte Berufseinstiegsvoraussetzungen, die das Vorliegen der fachlichen Voraussetzungen sicherstellen. Nicht nur das Führungspersonal, sondern jeder Mitarbeiter sollte für seine Aufgaben genügend fachlich qualifiziert sein.

Um dem Personal eines Unternehmens die notwendige Fachkompetenz gezielt zu vermitteln, die den Bedürfnissen der Kunden und anderer Anspruchsgruppen nachhaltig gerecht werden, sind häufig systematische Qualifikations- und Trainingsaktivitäten notwendig.

Der primäre Blickwinkel der Personalqualifizierung richtet sich in fast allen Einrichtungen ausschließlich auf die fachliche Kompetenz. Da sich dieser Fokus auch schon bei der Personalauswahl beobachten lässt, ist das notwendige Fachwissen bereits beim Berufsantritt meistens vergleichsweise gut ausgeprägt. Dies mag zwar nicht immer bis ins Detail und nicht auf die spezifischen Anforderungen des jeweiligen Unternehmens gelten, aber eventuelle Wissensdefizite lassen sich in aller Regel mit Schulungen und Trainingsmaßnahmen beseitigen. Üblicherweise ist der Trainingsaufwand im Bereich der fachlichen Kompetenz vergleichsweise gering, um das Personal soweit zu qualifizieren, so dass es die Aufgaben auf hohem fachlichem Niveau ausführen kann. Ständige Fortbildungen sind in diesem Kompetenzbereich dennoch unverzichtbar.

3.3 Das Prozess-Know-how

Wie bereits oben erwähnt, zählt zu einer ganzheitlichen Qualifikation neben dem Fachwissen die strukturierte Vermittlung von Prozess-Knowhow. Dieser Qualifizierungsbaustein wird in vielen Unternehmen leider häufig vernachlässigt, obgleich er notwendig ist, um ein Verständnis für die betrieblichen Abläufe und Schnittstellen sowie die eigenen Rollen und die Verantwortlichkeiten zu erlangen.

Das Problem bei der Vermittlung von Prozess-Know-how ist, dass viele Unternehmen zwar prozessorientiert aufgestellt sind, dabei aber ihren Organisationsaufbau und -ablauf nicht systematisch und unter Einbindung der Beteiligten dokumentiert haben. Dies gilt insbesondere für die Schnittstellen. Infolgedessen führt der Mitarbeiter seine Arbeit so aus, wie es ihm beigebracht wurde oder wie er es bei anderen Kollegen beobachtet hat. Auf diese Weise können sich schnell unerwünschte Abkürzungen, Tricks und Fehler in die Abläufe einschleichen.

Nähere Informationen zum Umgang mit Prozessoptimierung finden Sie in Kap. 10 und 13.

3.4 Interpersonelle Kompetenzen

Die dritte Säule der Personalqualifikation bildet die sogenannte interpersonelle Kompetenz. Sie umschreibt die Fähigkeit, mit anderen Menschen zusammenzuarbeiten sowie die Eignung, eigene Schwächen und Impulse zu beherrschen. Insoweit fallen unter die interpersonelle Kompetenz die Kommunikations-, Durchsetzungs- und Entscheidungsfähigkeit, die Kompetenz im Bereich Führung, Teamwork und Stressbewältigung ebenso wie die Selbstorganisation und das Situationsbewusstsein. Die Verbesserung der interpersonellen Mitarbeiter- und Führungskompetenz steht zwar weit oben auf der Wunschliste vieler Unternehmen, aber ein systematisches Vorgehen, dieses Ziel zu erreichen, existiert in vielen Betrieben nur selten.

Ein ähnliches Bild zeigt sich beim Training interpersoneller Fähigkeiten, die häufig der individuellen, zu akzeptierenden Persönlichkeit zugeschrieben und infolgedessen vernachlässigt werden. Dabei können auch soziale und persönliche Fähigkeiten in Workshops geschult und deutlich verbessert werden. Zusätzlich erhalten die Teilnehmer hier die Möglichkeit, das eigene Verhalten gezielt zu reflektieren und eventuell schädigende Verhaltensweisen zu erkennen und zu unterbinden. Insoweit darf die interpersonelle Kompetenz im Zuge ganzheitlicher Qualifikationsbestrebungen nicht ausgeklammert werden.

3.5 Die „3 × 4 = Alles"-Methode

Die „3 × 4 = Alles"-Methode (siehe Abb. 3.2) betrachtet das Verhältnis des Unternehmens zu den **vier** Stakeholder-Gruppen in Hinsicht auf die **drei** wichtigen Kernkompetenzen (prozessual, fachlich und interpersonell).

Nach dem *Stakeholder*-Ansatz (Kap. 2) verfolgt ein Unternehmen das Ziel, die vier Interessengruppen, mit denen es langfristig interagiert, in einem möglichst hohen Maß zufrieden zu stellen, um eine weitere Zusammenarbeit zu gewährleisten.

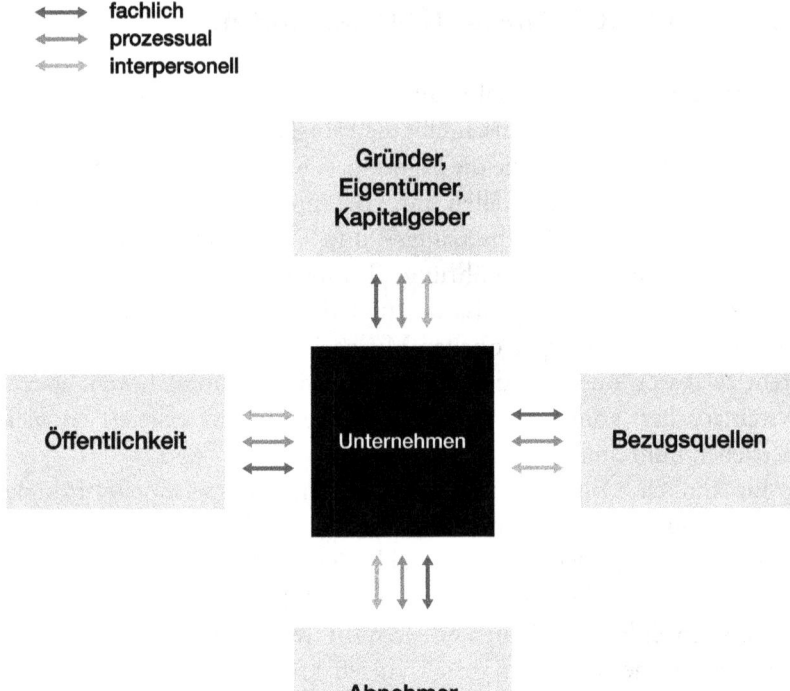

Abb. 3.2 Die „3 × 4 = Alles"-Methode

Nach der „3 × 4 = Alles"-Methode kann dies jedoch nur gelingen, wenn im Austausch mit jeder Anspruchsgruppe jede der drei Kernkompetenzen tiefgreifend berücksichtigt wird. Erst wenn 3 Kernkompetenzen mit jeder der 4 Stakeholder-Gruppen in Ausgleich (**3 × 4**) gebracht sind, wird sich der andauernde Erfolg eines Unternehmens (**= Alles**) einstellen. Aus der Kombination dieser Elemente ergibt sich die Formel: „**3 × 4 = Alles**" und somit der Titel, der von mir entwickelten Methode.

Praxisbeispiel: Teamgründungen versus Einzelgrün

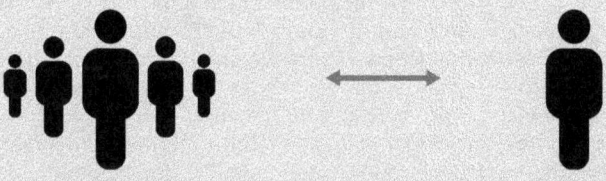

Teamgründung   Einzelgründung

In der Folge der Finanzmarktkrise 2008 mussten zahlreiche Finanzdienstleister, wie Banken, Personal freistellen. Davon waren auch zwei Frauen und zwei Männer betroffen, die viele Jahre bei verschiedenen Banken gearbeitet haben und umfangreiche Erfahrung im Vertrieb von Finanzprodukten gesammelt haben. Alle vier waren echte Profis auf ihrem Gebiet und so beschlossen sie, gemeinsam eine Firma zu gründen, um fortan gemeinsam Finanzprodukte zu vertreiben.

Die Gründung haben sie noch bei einem anderen Steuerberater betreuen lassen, über die Beratung eines Mandanten von mir kamen wir dann zusammen und meine Kanzlei hat das Mandat übernommen. Von 2008 bis 2017 lief es an den Finanzmärkten richtig gut. Aber mit Beginn des Jahres 2018 änderten sich die Parameter in diesem Bereich, was auch meine „Gründer" ordentlich zu spüren bekamen. Bisher war die Besprechung der Bilanzen bzw. der betriebswirtschaftlichen Auswertungen für die vier ein „Spaziergang" durch positive Zahlen. Seit 2018 war alles etwas holpriger, plötzlich merkten die Vier, dass sie in den letzten „fetten" Jahren ihr Unternehmen zwar auf der Umsatz- und Erfolgsseite kräftig hochgefahren haben, aber eben auch auf der Kostenseite. Das wurde ihnen jetzt schmerzlich bewusst, da sie die hohen Kosten dringend minimieren mussten. Die fünf Angestellten neben den Gründern waren allesamt auch fast ausschließlich im Vertrieb tätig, lediglich eine Teilzeitkraft hat sich um die Verwaltung der Firma gekümmert, was aber letztlich nur die Aufbereitung der Lohn- und Finanzbuchhaltung für den Steuerberater betraf.

In der Zeit, als der Gürtel enger geschnallt werden musste, fand die Bilanzbesprechung für 2017 statt. Den Vieren wurde zum ersten Mal richtig bewusst, wie ausgeufert ihr Kostenapparat war und schnell kam es zu gegenseitigen Vorwürfen unter den Vieren, wer dies zu verantworten habe. Ich konnte an diesem Tag keinen Frieden zwischen den Finanzprofis herstellen, aber alle hatten in dieser Besprechung das gleiche bemerkt: Hätten wir uns doch von Anfang an besser um unser eigenes Unternehmen

> gekümmert. Die Erkenntnis war, dass sie sich insgesamt viel zu sehr um den Vertrieb gekümmert haben sowie den Aufbau und die Pflege des eigenen Unternehmens, z. B. mit einem funktionierenden Controlling, vernachlässigt haben. Natürlich kann man sich diese Expertise auch von außen, z. B. durch einen kaufmännischen Leiter holen. Ab einer gewissen Unternehmensgröße – wie bei diesem Team – ist es jedoch sinnvoll, dass diese Aufgabe einer der Gründer (mit-) übernimmt.
>
> Die Vier konnten sich in der folgenden Zeit unter meiner Moderation zusammenraufen und haben kurzfristig signifikante Kostenreduktionen, vor allem im Bereich Personal, Raumkosten und Vertriebskosten, umsetzen können. Ob sie es schaffen ihre Firma zu retten, stand beim Verfassen dieses Beispiels noch nicht fest.
>
> **Ergebnis:**
>
> Teamgründungen sind nach aller Erfahrung erfolgreicher als Einzelgründungen, aber nur dann, wenn sich die Kompetenzen der Teammitglieder ergänzen und nicht, wenn diese nur mehrfach vorhanden sind. Ein praktikabler Ansatz nach meiner „3 × 4 = Alles"-Methode ist, zu untersuchen, ob für jede der vier Stakeholder Gruppen ein verantwortliches Teammitglied vorhanden ist, bei dem eine der drei Kompetenzen in dieser Gruppe bestmöglich ausgeprägt ist. In diesem Beispiel war die Beziehung zur Gruppe „Abnehmer" über Jahre hinweg optimal organisiert, die Beziehung zur Gruppe „Inhaber" wurde jedoch vernachlässigt.

3.6 Zwischenfazit

Start-ups, kleine und mittelständische Betriebe handeln in der Regel nach dem Stakeholder-Ansatz. Unabhängig vom Branchenzweig, in dem der Betrieb tätig ist, ist der „Dreiklang der Exzellenz" (Fachkompetenz, prozessualen Know-how sowie interpersonalen Kenntnissen) eine Grundvoraussetzung für ein erfolgreiches Stakeholder-Management.

Die „3 × 4 = Alles"-Methode verbindet die vier Interessengruppen mit den drei Kernkompetenzen. Nur wenn der Austausch mit jeder der Stakeholder–Gruppen sowohl in prozessualer, fachlicher und interpersoneller Hinsicht optimal geführt wird, ist der langfristige Erfolg des Unternehmens vollständig gewährleistet. In den nachfolgenden Kapiteln werden Sie erfahren, wie diese Optimierung der Kernkompetenzen in Bezug auf die jeweilige Anspruchsgruppe konkret gestaltet werden kann.

# 4

Mit der „3 × 4 = Alles"-Methode zum Erfolg: Gesamtheitliche Unternehmensführung für Gründer

Dieses Kapitel stellt Ihnen das Grundprinzip der „3 × 4 = Alles"-Methode im Detail vor. Außerdem schildere ich meine Erfahrungen und wie ich persönlich zu dem Schluss gekommen bin, dass ich meine Kanzlei einer umfassenden Umstrukturierung unterziehen muss. Dieser Entschluss führte schließlich zu der Entwicklung meiner heutigen „3 × 4 = Alles"-Methode und dem hier vorliegendem Buch.

4.1 Meine eigene Erfahrung in der Unternehmensführung

Seit mehr als zwanzig Jahren bin ich Kanzleiinhaber und selbstständiger Steuerberater. Eine eigene Kanzlei war schon immer mein Wunsch. Gleich am ersten Arbeitstag nach meinem BWL-Studium habe ich mir ausgerechnet, wie lange ich noch als Angestellter tätig sein muss, bis ich mich als Steuerberater endlich selbstständig machen kann. Mein Plan war damals, nach einer kurzen Phase der Selbstständigkeit, die Kanzlei meines Vaters zu kaufen.

Nachdem ich das Steuerberater-Examen im März 1993 erfolgreich absolviert hatte, war es am 1. Januar 1996 soweit: Ich hatte meine eigene Steuerkanzlei. Damals hatte ich mir vorgenommen, als Kanzleiinhaber meine Ideen umzusetzen, ein profitables Unternehmen zu führen und selbstbestimmt meine Arbeit und Freizeit zu gestalten. Doch nur einen Monat später gab es den ersten tiefen Rückschlag: zwei meiner vier Mitarbeiter verließen die Kanzlei und meine damalige Kanzleileiterin meldete sich unfallbedingt mehrere Monate krank. Nur drei Monate später verließ mein damals größter Mandant die Kanzlei, da er sein Unternehmen verkauft hatte. Gleichzeitig fiel mein zweitgrößter Mandant mit seinem Unternehmen in die Insolvenz. In langen durchwachten Nächten sah ich mich sehr oft meinen Traum der Selbstständigkeit zu Grabe tragen.

Trotz der Rückschläge habe ich einfach weitergemacht. Ich habe neue Mandate akquiriert und kompetente Mitarbeiter gefunden. Auch in der Krisenzeit war meine Kanzlei zu jedem Zeitpunkt profitabel. Wirtschaftlich bin ich insgesamt recht erfolgreich gewesen. Das habe ich jedoch teuer erkauft: mit 12-Stunden-Tagen in der Kanzlei und seltenen freien Wochenenden. Es schmerzte mich sehr, dass ich für meine Familie, meine Ehefrau und meine zwei Söhne so wenig Zeit hatte. Diese andauernde Zweiteilung hat mich aufgerieben. An vielen Tagen fühlte ich mich kraftlos und ausgepowert und fiel infolgedessen krankheitsbedingt immer häufiger aus.

So nahm die gesundheitliche Abwärtsspirale ihren Lauf. Wenig später musste ich aufgrund einer mysteriösen Autoimmunerkrankung schließlich mehrere Wochen ins Krankenhaus. Dort erhielt ich eine beunruhigende Prognose. Die Ärzte befürchteten damals, dass ich zukünftig nur noch maximal 200 Meter schmerzfrei würde gehen können. Kaum hatte ich das Krankenhaus verlassen, erlitt ich einen Fahrradunfall, den ich nur mit knapper Not überlebt habe. Doch in all dem Unglück gab es auch einen Lichtblick. Die zwangsverordnete Ruhezeit von drei Monaten nach dem Unfall brachte mich zum Nachdenken. Mir wurde klar, dass ich so weder weitermachen konnte noch wollte. Das von mir einst sehnlich herbeigewünschte eigene Unternehmen war zu einem gesundheitsgefährdenden Hamsterrad geworden. Um meinen einstigen Traum einer wirtschaftlich erfolgreichen und gleichzeitig glücklichen Selbstständigkeit zu verwirklichen, musste ich dringend etwas ändern, nämlich an mir **und** an meiner Kanzlei.

Mit dem Wissen um die zentrale Bedeutung der Anspruchsgruppen für kleine und mittelständische Unternehmen sowie der Wichtigkeit des „Dreiklang der Exzellenz", begann ich nun diese drei wichtigen Kompetenzen systematisch für jede Anspruchsgruppe umzusetzen. Dies war die Geburtsstunde der „3 × 4 = Alles"-Methode. Nach diesem 12-Punkte-Plan sorgte ich dafür, dass ich als Inhaber zwar eine zentrale Rolle einnehme, dabei jedoch längst nicht mehr alles über meinen Tisch gehen muss. Nach und nach haben wir die Prozesse optimiert, die Kommunikation und Teamarbeit auf ein neues Niveau gestellt und eine konsequente Fehlervermeidung umgesetzt. Mein Team, die Infrastruktur und die Prozesse sind jetzt so organisiert, dass Standardthemen automatisiert oder von meinem Team erledigt werden und nur noch wenige Einzelfälle von mir persönlich bearbeitet werden. In der Regel sind dies die fachlich anspruchsvolleren und komplexen Themen. Somit gewinne ich Zeit für organisatorische Aufgaben, Teamentwicklung und spannende nebenberufliche Aktivitäten.

Mein persönliches Wohlbefinden unterstütze ich durch ein tägliches Mental- und Sportprogramm, das mir zusätzliche Freude bereitet. Heute achte ich darauf, dass ich mir im Jahr mindestens acht Wochen Urlaub nehme. Seit dem Neustart vor mehr als zehn Jahren habe ich keine Minute mehr am Wochenende in meinem Betrieb verbracht. Arbeitszeit und Freizeit werden strikt getrennt. Aus diesem Grund lese ich berufliche Mails ausschließlich in der Kanzlei. Mit der neu gewonnenen Zeit konnte ich viel Neues wagen. So habe ich neben dem Beruf promoviert und die Fachberaterprüfung ablegt. Seit fünf Jahren unterrichte ich außerdem an einer Hochschule, vor rund vier Jahren wurde ich zum Professor berufen. Mein Kanzlei-Team umfasst 30 großartige Mitarbeiter, die mir sehr ans Herz gewachsen sind. Auch wirtschaftlich war die Umstrukturierung ein großer Erfolg: der Umsatz hat sich infolge der Umstellung in Kürze verdoppelt.

Vor allem hat meine Gesundheit von der konsequenten Umstellung profitiert. Heute kann ich Bergtouren mit einer Gehzeit von zwölf Stunden problemlos bewältigen, denn ich bin so ausgeruht, gesund und fit wie nie zuvor. Meine Familie und Freunde nehmen mich deutlich entspannter wahr und wir genießen den Zugewinn an gemeinsamer Zeit. Zudem habe ich wieder Freude an meinem Beruf als Steuerberater und Professor, was meine Mandanten, meine Mitarbeiter und meine Studierenden bemerken.

Die Umstellung geschah nicht über Nacht, doch durch die konsequente Umsetzung meiner Methode konnte ich schließlich meinen Traum von der glücklichen und stressfreien Selbstständigkeit verwirklichen.

Anhand des in diesem Punkt beschriebenen Zwölf Punkte-Plan kann jeder Gründer oder Unternehmer seinen Betrieb neu justieren. Einigen meiner Standeskollegen fiel der Wandel, den ich vollzogen habe, natürlich auf. Darauf angesprochen begann ich, dem einen oder anderen davon zu erzählen und einige zu ihrem Erfolg zu coachen. Jetzt ist es mein Ziel, dieses Wissen weiterzugeben. Denn der Prozess ist kein Geheimnis und verlangt keine außergewöhnlichen Talente. Vor zehn Jahren hätte ich mir selbst einen funktionierenden Bauplan für die Umstrukturierung gewünscht. Damals hatte ich diesen nicht, doch heute kann ich ihn in Form meiner Erfahrungen weitergeben.

4.2 Stakeholder-Management: Der Zwölf-Punkte Plan nach der „3 × 4 = Alles"-Methode

Wie bereits zuvor ausgeführt, betrachtet die „3 × 4 = Alles"-Methode (siehe Abb. 4.1) das Verhältnis des Unternehmens zu den vier Stakeholder-Gruppen in Hinsicht auf die drei wichtigen Kernkompetenzen.

Teil II dieses Buches untersucht die drei Kernkompetenten in Hinblick auf den Gründer, Inhaber und Unternehmer. Teil III zeigt auf, wie der Dreiklang der Exzellenz in der Mitarbeiterführung berücksichtigt werden kann, während Teil IV diese im Zusammenhang mit den Abnehmern/Kunden erörtert. Teil V legt wiederum dar, wie man den Austausch mit der Öffentlichkeit unter die Berücksichtigung der drei Kernkompetenzen optimiert.

Je nach Art der Branche liegen die Schwerpunkte der Stakeholder natürlich sehr unterschiedlich. In einem künstlerischen Beruf steht der Gründer sehr stark mit Mittelpunkt. In einer Steuerkanzlei sind sowohl

4 Mit der „3 × 4 = Alles"-Methode zum Erfolg: Gesamtheitliche...   47

◄——► fachlich
◄——► prozessual
◄——► interpersonell

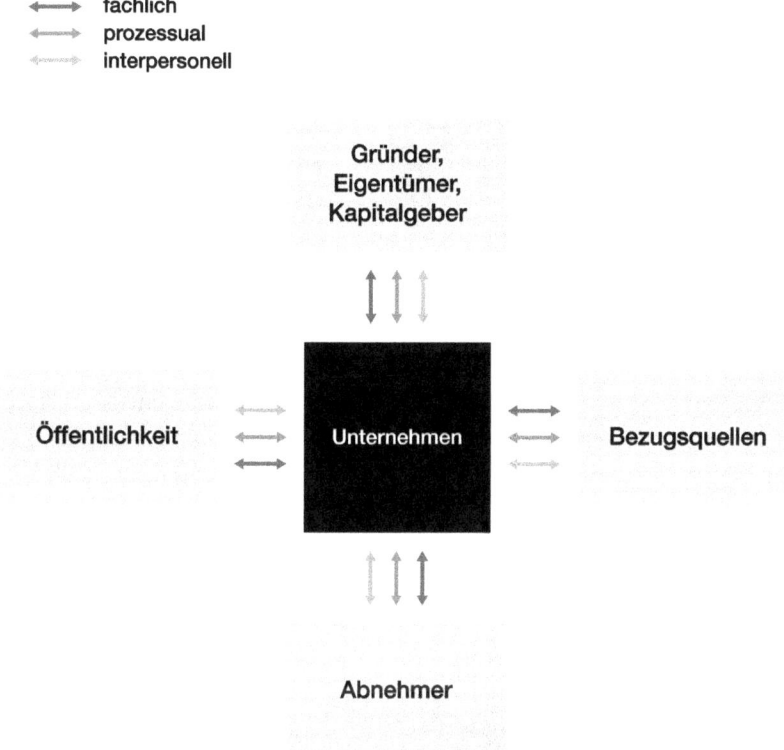

Abb. 4.1 Die „3 × 4 = Alles"-Methode

die Mandanten als auch die Mitarbeiter von zentraler Bedeutung. Bei einem Gaststättengewerbe ist u. a. von herausragender Bedeutung, dass alle Behördenmeldungen pünktlich erfolgen.

Als ersten Schritt sollte ein Gründer zunächst die Stakeholder des eigenen Unternehmens identifizieren und gewichten (siehe Abb. 4.3).

4.3 Feinsteuerung der Methode in der Praxis

Auch nach der Anwendung des Stakeholder-Managements nach dem hier beschriebenen 12-Punkte-Plan beziehungsweise der „3 × 4 = Alles"-Methode (siehe Abb. 4.2), ist es leider nicht mit einer einmaligen Anstrengung und Umstrukturierung getan.

Abb. 4.2 Die „3 × 4 = Alles"-Methode-Logo

Vielmehr ist es die Aufgabe der Führungspersönlichkeit, den verschiedenen Anspruchsgruppen im täglichen Arbeitsalltag nachzuspüren und das System fortlaufend nach zu justieren. Dies bedeutet natürlich nicht, dass allen Wünschen der Interessengruppen zu jeder Zeit nachgegeben werden sollte. Eine solche Vorgehensweise wäre fatal. Die Feinjustierung des Systems stellt sicher, dass der Interessenausgleich – je nach individueller Gewichtung des Unternehmens – im Gleichgewicht bleibt.

Praxisbeispiel: Änderung in der Gewichtung von Stakeholdern

Im November 2015 hat der VW Konzern quasi über Nacht eine massive Verschiebung der Bedeutung von Stakeholder-Gruppen erlebt. Während bis dahin Abnehmer, Mitarbeiter und Lieferanten sowie Eigentümer (Shareholder) im ausgeglichenen Focus der Interessen standen, waren plötzlich der Staat (mit seinen Ermittlungsbehörden) und die Gesellschaft wegen des verlorenen Vertrauens enorm wichtige Stakeholder.

Aber auch in meiner mittelständischen Unternehmerwelt kann es sehr plötzlich zu einer solch dramatischen Verschiebung kommen. In einem von mir betreuten Reisebüro war die Ursache hierfür aber kein Betrug, sondern eine frohe Botschaft.

Das Unternehmen hatte neben der Eigentümerin drei weibliche Angestellte. Das Reisebüro lief sehr gut. Es hat sich vor dem Hintergrund der zunehmenden Buchungen übers Internet auf betreute Spezialreisen konzentriert. Reiseteilnehmer in diesem Bereich buchen eher nicht im Internet. Eine Mitarbeiterin war schwanger und hatte noch vier Wochen bis sie den Mutterschaftsurlaub antreten würde. Die beiden anderen Vollzeit-Mitarbeiterinnen wollten dies zunächst mit einer zusätzlichen Aushilfskraft auffangen und dann später Ersatz für die schwangere Mitarbeiterin suchen.

Eines Morgens kam eine dieser beiden Mitarbeiterinnen zu ihrer Chefin und teilte ihr mit, dass sie mit dem heutigen Tage ihren Mutterschaftsurlaub sofort antrete, weil ihr das Jugendamt ein Adoptivkind im Säuglingsalter zugesprochen hatte. Darum hatten sich die Mitarbeiterin und ihr Mann seit Jahren bemüht. So sehr diese freudigen Ereignisse für die beiden Mitarbeiterinnen einen Glücksfall darstellte, war es für die Eigentümerin ein Einschnitt bzw. eine dramatische Änderung der Bedeutung einer Stakeholder-Gruppe. Die Gruppe der (stark reduzierten) Mitarbeiter geriet plötzlich in den Mittelpunkt. Die Wünsche und Interessen der Eigentümerin, aber zwangsläufig auch die Interessen der Kunden, waren plötzlich nicht mehr so wichtig, um die Bemühungen der Mitarbeiter wieder adäquat aufzustellen.

Dem Reisebüro ist es durch einen Zufall sehr gut gelungen, diese Situation zu meistern. Zwei Tage nach der Nachricht der Adoption, kam vormittags eine Kundin ins Reisebüro, die bereits einige Jahre zuvor in einem Reisebüro gearbeitet hatte. Ganz nebenbei erwähnte sie, dass sie auch gerne mal wieder arbeiten würde, weil sie trennungsbedingt zum einen Geld bräuchte und auch Zeit hätte. Der Arbeitsvertrag mit der neuen Kollegin wurde noch am Nachmittag unterschrieben.

Ergebnis:
Natürlich muss ein Gründer nicht immer mit allen möglichen *Worst-Case-Szenarien* rechnen. Was aber immer hilft ist, das Unternehmen agil zu halten. Damit ist immer auch die Eigenschaft verbunden, nie den Kopf in den Sand zu stecken oder aufzugeben, sondern vielmehr nach neuen, bisher nicht erprobten Lösungen zu suchen.

4.4 Flexibilität und ständige Erneuerung für Gründer

Viele Unternehmen befanden sich lange Zeit auf Erfolgskurs, der jedoch mit Einbruch des stetigen Wandels zu einem abrupten Ende kam. Der Grund liegt häufig in den verkrusteten Strukturen, die dem Unternehmen zum Verhängnis wurden. Kein Wunder, dass das neue Zauberwort „Agilität" derzeit in aller Munde ist. Manche mögen sich von dem vermeintlichen Modebegriff abgeneigt abwenden, doch im Kern bedeutet Agilität nichts anderes, als das Stakeholder-Management zu jeder Zeit dynamisch und flexibel zu halten, so dass eine innere, strukturelle Erneuerung jederzeit möglich bleibt. Für Gründer bedeutet dies, dass sie sich schon von Anfang an flexibel aufstellen sollten, um so eine fortlaufende innere Erneuerung zu ermöglichen.

Kleinere Erneuerungen sollten zudem ständig und sofort erfolgen. Beim Schreiben dieses Buches habe ich beispielsweise gerade meine persönliche, analoge Zettelwirtschaft in der Kanzlei vollständig durch digitale Methoden ausgetauscht. So kann ich diese meinem Team deutlich schneller und räumlich unbegrenzt zur Verfügung stellen. Wer kleine Änderungen – aus Mangel an Zeit oder anderen Gründen – immer wieder aufschiebt, türmt in der Zukunft einen ganzen Berg an notwendigen Kurskorrekturen an. Daher sollte man nichts aufschieben, was man bereits heute umsetzen kann.

Nähere Informationen, wie Sie das Stakeholder-Management flexibel und agil gestalten können, erhalten Sie in Kap. 7.

4.5 Zwischenfazit

Für mich war meine Erkrankung vor einigen Jahren ein wichtiger, persönlicher Weckruf, um meine bisherige Auffassung von einer guten Unternehmensführung einer grundlegenden Überprüfung zu unterziehen. Nach reiflicher Überlegung habe ich damals einen erheblichen Kraftaufwand aufgebracht, um meinen Betrieb nachhaltig umzustrukturieren. Das Ergebnis war nicht nur die weitaus produktivere und effizientere Tätigkeit meiner Kanzlei, sondern vor allem der deutliche Gewinn an Lebensfreude für mich und meine Mitarbeiter.

Mithilfe des 12–Punkte-Plans beziehungsweise der „3 × 4 = Alles"-Methode erhalten Sie in den folgenden Kapiteln das Werkzeug, um Ihr gegründetes oder zu gründendes Unternehmen für die Zukunft und den nachhaltigen Erfolg auszurichten.

> **Stakeholder-Management: Der 12-Punkte-Plan nach der „3 × 4 = Alles"-Methode**
>
> Die „3 × 4 = Alles"-Methode beinhaltet zwölf Schritte (siehe Abb. 4.3).
> **Vorbereitende Fragen an den Gründer/Inhaber/Unternehmer:**
> Wer sind meine Stakeholder?
> In welcher Gewichtung stehen diese zu meinem Unternehmen?

4 Mit der „3 × 4 = Alles"-Methode zum Erfolg: Gesamtheitliche…

Abb. 4.3 Der 12-Punkte Plan nach der „3 × 4 = Alles"-Methode

Anspruchsgruppe 1: Inhaber/Gründer/Kapitalgeber
Schritt 1: Die fachliche Kompetenz des Inhabers/Gründers
Die Fähigkeit Leitbilder und Visionen umzusetzen; Voraussetzungen für gelungene Leitbilder, einprägsame Leitbilder schaffen; Umsetzung des Leitbildes; Strategiekompetenz auf Basis einer Kernkompetenzanalyse.
Schritt 2: Die prozessuale Kompetenz des Inhabers/Gründers
Aufmerksame Stakeholder- und Marktbeobachtung; aufmerksame Kommunikation; flache Hierarchien; fachgerechtes Delegieren; kurze Umsetzungszyklen; Vertrauen und eine offene Fehler- und Kritikkultur.
Schritt 3: Die interpersonelle Kompetenz des Inhabers/Gründers
Den eigenen Führungsstil festlegen; Selbstmanagement; Pro-Aktivität; Kernkompetenz Priorisieren; Erst verstehen, dann verstanden werden; die Magie der positiven Erwartung nutzen.

Anspruchsgruppe 2: Bezugsquellen
Schritt 4: Die fachliche Kompetenz der Mitarbeiter/Freelancer/Lieferanten
Die Bedeutung von Fort- und Weiterbildung; die richtige Personenauswahl; Wertschätzung; Motivation und Kommunikation; Wertschätzung als Schlüsselfähigkeit.
Schritt 5: Die prozessuale Kompetenz der Mitarbeiter/Freelancer/Lieferanten
Prozessoptimierung für Gründungen; Prozessdefinition; Mitarbeiterqualifikation; offene Fehler- und Kritikkultur; Motivation der Mitarbeiter; Leistungskontrollen auf Augenhöhe.
Schritt 6: Die interpersonelle Kompetenz der Mitarbeiter/Freelancer/Lieferanten
Die Bedeutung von Soft Skills; Selbstentwicklung; aktives Zuhören; Soft Skills weiterbilden; Unterschiede in den Generationen berücksichtigen.
Anspruchsgruppe 3: Abnehmer
Schritt 7: Die fachliche Kompetenz im Umgang mit den Abnehmern
Wisse wer du bist; Zielgruppenbestimmung; USP-Checkup; kenne die Lösung; Customer Experience; nicht alles ist sachlich; Vertrieb ist Chefsache.
Schritt 8: Die prozessuale Kompetenz im Umgang mit den Abnehmern
Frühe Marktforschung; falscher Perfektionismus; Prozessoptimierung; Realistische Ziele setzen und planen; Prozessoptimierungsmethoden; Kundenzufriedenheitsmessung.
Schritt 9: Die interpersonelle Kompetenz im Umgang mit den Abnehmern
Typische Außendienstfehler; Sonderfall: Beschwerde.
Anspruchsgruppe 4: Die allgemeine Öffentlichkeit
Schritt 10: Die fachliche Kompetenz im Umgang mit der allgemeinen Öffentlichkeit
Unternehmensethik; CSR; Corporate Governance; Compliance Management
Schritt 11: Die prozessuale Kompetenz im Umgang mit der allgemeinen Öffentlichkeit
Der Unterschied zwischen interner und externer Kommunikation; prozessuale Anforderungen an die Kommunikation; Interaktion mit staatlichen Behörden.
Schritt 12: Die interpersonelle Kompetenz im Umgang mit der allgemeinen Öffentlichkeit
Glaubwürdigkeit; Dialogbereitschaft; Transparenz; Kontinuität; Fairness; Engagement.

Teil II

Stakeholder-Gruppe: Gründer, Eigentümer, Kapitalgeber

5

Selbstanalyse und Bestandsaufnahme

Dieser Teil des Buches widmet sich dem Stakeholder-Management des Gründers, Inhabers oder Kapitalgebers und beinhaltet verschiedene Maßnahmen der Selbstorganisation. Bevor der Leser jedoch in das 12-Punkte-Programm eintaucht, sollte er zunächst eine Selbstanalyse und Bestandsaufnahme vornehmen. Diese kreist um die Frage: Was für eine Führungspersönlichkeit bin ich? Bin ich eher der beratende Experte, der geborene Anführer oder der sorgfältige Manager? Die Anforderungen an die Unternehmensleitung sind je nach Branche, Größe und Betriebsart sehr unterschiedlich ausgeprägt. Stimmen Ihre persönlichen Stärken und Schwächen mit den Ansprüchen Ihres Unternehmens überein? Gründer sind fast immer die Führende, da ihre Unternehmen in der Regel zunächst klein starten.

Dieses Kapitel stellt dem Leser eine kurze Typologie von Führungspersönlichkeiten vor und gibt diesem eine Auswahl an Werkzeugen zur Selbstbestandsaufnahme zur Hand.

Wer als Gründer sowohl die Anforderungen des eigenen Unternehmens als auch die eigenen, persönlichen Stärken und Schwächen kennt und in Einklang bringen kann, stellt die erste Weiche für den dauerhaften Erfolg des Betriebs.

5.1 Der Unterschied zwischen Leadership, Fachexperten und tradierten Management

Viele Führungspersönlichkeiten vereinen Aspekte des *Leaderships*, Fachexperten und tradierten Management in einer Person. Der Begriff *Leadership* wird häufig abgrenzend zum tradierten Management betrachtet. Der Begriff Fachexperte entstammt nicht der Literatur zur Unternehmensführung, sondern ist in bestimmten Dienstleistungsbranchen gebräuchlich, in denen der Einsatz von speziellen Fachkenntnissen (Arztpraxis, Steuerberatung, Rechtsanwaltskanzlei) eine zentrale Rolle spielt

5.1.1 Tradiertes Management

Das tradierte Management richtet sich vornehmlich auf die Abarbeitung der täglichen Aufgaben, der Herstellung und Aufrechterhaltung der Ordnung sowie ein hohes Maß an Planung und Kontrolle. Dieser Führungsstil ist durch eine hohe Effizienz geprägt, so dass die zu bewältigenden Aufgaben pünktlich und ordnungsgemäß erfüllt werden.

5.1.2 Leadership

Der Begriff *Leadership* wurde Anfang der 80er-Jahre von John Peter Kotter (1990) geprägt, Professor für Führungsmanagement an der *Havard Business School*. Dieser Führungsstil zielt im Gegensatz zu dem tradierten Managementstil darauf ab, Menschen außerhalb und insbesondere innerhalb des Unternehmens für die Ziele des Unternehmens zu begeistern, sie zu inspirieren und zu motivieren. Auf diese Weise bewegt die Führungspersönlichkeit ihre Mitarbeiter zu Hochleistungen, dem Einführen von Innovation und das Begehen von neuen Wegen. Leadership steigert in der Regel die Effektivität.

Traditionelles Management wird manchmal auch als transaktionale und Leadership als transformatorische Führung bezeichnet. Andere Stimmen in der Literatur sehen das tradierte Management im Leadership mitverfasst.

5.1.3 Fachexperte/Berater

Der Fachexperte/Berater ist häufig als Inhaber oder Führungskraft von Betrieben zu finden, in denen spezielle Wissenskenntnisse beispielsweise in einer Steuer- oder Rechtskanzlei notwendig sind. Dieser Führungstyp besitzt oft die Deutungshoheit in dem Betrieb und berät in allen inhaltlichen Sachfragen. Prozessuale und interpersonelle Bedürfnisse werden jedoch nicht zwingend abgedeckt.

5.1.4 Die Mischung macht's

Im besten Fall vereinigt der Gründer alle Aspekte der oben genannten Persönlichkeiten: die Effizienz des tradierten Managers, die Fähigkeit zur Inspiration und Motivation eines Leaders sowie die hohe Fachkompetenz des Experten/Beraters. Leadership ist keineswegs ein Allheilmittel. Doch während sich tradiertes Management und Fachexpertise anhand von Studium und anderen Fortbildungsmöglichkeiten in der Regel gut erlernen lassen, ist Leadership eine schwammige Qualität, die sich schwer erfassen lässt.

Wie kann demnach festgestellt werden, ob ein Gründer oder eine Führungspersönlichkeit „das Zeug" zum *Leadership* besitzt? Dieser Frage nachgehend stellen die nachfolgenden Abschnitte einige Wesensmerkmale von Leadership-Persönlichkeiten sowie ihre typischen Betätigungsfelder vor.

5.2 Merkmale von Leadership-Persönlichkeiten

5.2.1 Emotionale Intelligenz

Eine Führungspersönlichkeit mit Leadership-Qualitäten besitzt eine hohe emotionale Intelligenz. Der Begriff „emotionale Intelligenz" wurde Mitte der 90er-Jahre von Daniel Goleman (1995), einem US-amerikanischen Psychologen und Wirtschaftsjournalisten sowie von dem Psychologen John

D. Mayer und dem amerikanischen Sozialpsychologen Peter Salovey entwickelt. Unter Emotionaler Intelligenz (EI) wird die Fähigkeit verstanden, Gefühle bei sich und anderen richtig einschätzen. Eine Person mit emotionaler Intelligenz kann das komplexe Geflecht menschlicher Beziehungen und Bedürfnissen erkennen, verstehen und entsprechend handeln.

Emotionale Intelligenz umfasst eine Reihe von anderen Fähigkeiten, die in den nachfolgenden Abschnitten genauer beleuchtet werden.

Selbstkontrolle
Dieser Begriff Selbstkontrolle beschreibt die willentliche, innere Kontrolle der eigenen Handlungen sowie die Fähigkeit, sich nicht durch überflutende Gefühle leiten zu lassen. Plötzliche Impulse und Stimmungen können beherrscht werden. Eine Führungskraft mit *Leadership*-Qualitäten ist sich ihrer Gefühle bewusst und lässt sich nicht von diesen zu unsachlichen Handlungen leiten.

Selbstreflektion
Als Selbstreflexion bezeichnet man die Fähigkeit des Menschen, über sein Verhalten und das von anderen nachzudenken. Die Reflexion von Beobachtungen bietet eine Chance zum Erkennen von zwischenmenschlichen Problemen und kann als Grundlage für Veränderungen genutzt werden. Selbstreflexion setzt die Fähigkeit zur differenzierten Selbstbeobachtung und ein gewisses Maß an Selbstdistanz voraus. Ist diese Selbstreflektion nicht vorhanden, sind die sozialen Fähigkeiten der Führungskraft begrenzt und letztendlich von ihrer „Tageslaune" abhängig.

Empathie
Allgemein bezeichnet man als Empathie, die Fähigkeit, sich in die Gefühlswelt anderer hineinzuversetzen. Hierbei geht es nicht nur um eine reine Wahrnehmung und das Verstehen des Wahrgenommenen, sondern der zur Empathie fähige Mensch reagiert darüber hinaus mit einem Mitgefühl wie Trauer, Freude, oder Angst. Dennoch beschreibt

Empathie kein Gefühl an sich, sondern die Fähigkeit mit anderen mitzufühlen.

Soziale Kompetenz
Anhand seiner sozialen Kompetenz kann eine Führungskraft Beziehungen zu anderen Menschen aufrechterhalten und diese gestalten. Mithilfe der sozialen Kompetenz ist der Führende in der Lage, konstruktiv zu kritisieren, Kritik anzunehmen, Konflikte zu vermeiden oder zu moderieren.

Motivation
Emotional intelligente Führungskräfte handeln in der Regel hoch motiviert. Ihre Hingabe zu ihrer Arbeit schöpfen sie jedoch weniger aus einem eventuellen Status- oder entgeltlichen Gewinnen, sondern aus der Verwirklichung ihrer Ziele und der von ihnen entwickelten Vision für das Unternehmen.

5.2.2 Zielgerichtetheit

Eine Führungskraft *mit Leadership*-Qualitäten handelt zielorientiert. Die Zielgerichtetheit ermöglicht ihr, Prioritäten zu setzen und Wichtiges von Unwichtigem zu unterscheiden. Die Zielorientierung ist eine wichtige Eigenschaft, die das Leadership mit dem tradierten Management teilt. Während jedoch das tradierte Management die Durchführung der Ziele – richtig oder falsch – bezweckt, strebt ein Leader die Erfüllung der aus seiner Sicht sinnvollen Ziele an.

5.2.3 Willens- und Durchsetzungskraft

Willenskraft bezeichnet die Fähigkeit, seine Ziele gegen (erhebliche) Widerstände durchzusetzen und die notwendige Hartnäckigkeit zu besitzen, eventuelle Durststrecken zu überwinden. Häufig zeichnen sich Leader durch eine besondere Zähigkeit aus. Hierbei verhalten sie sich jedoch lösungsorientiert und laufen keineswegs immer wieder „mit dem Kopf an dieselbe Wand." Zudem lassen sie sich nicht durch Kritik oder Einwände von der Verfolgung ihrer Ziele abhalten. Da dieser Führende der Erreichung seiner Ziele gut priorisieren kann und diese unbeirrbar verfolgt, zeichnet sich dieser Führungsstil durch eine hohe Effektivität aus.

5.3 Besondere Aufgaben des Leaderships

> Der Mann mit einer neuen Idee ist ein Spinner,
> bis diese sich als erfolgreich erweist.
> Mark Twain, amerikanischer Schriftsteller und Humorist (1835–1910)

Führungspersönlichkeiten mit Leadership-Eigenschaften nehmen bei der Unternehmensführung besondere Aufgaben wahr, die für den Unternehmenserfolg wichtig sind. Einige dieser Aufgaben werden in den nachfolgenden Abschnitten vorgestellt.

5.3.1 Visionen entwickeln

> Wenn du ein Schiff bauen willst, dann trommle nicht Männer zusammen, um Holz zu beschaffen, Aufgaben zu vergeben und die Arbeit einzuteilen, sondern lehre sie die Sehnsucht nach dem weiten, endlosen Meer.
> Antoine de Saint-Exupéry, französischer Schriftsteller und Pilot (1900–1944)

Eine der zentralen Aufgaben für Führungskräfte ist das Aufzeigen von Leitbildern und Visionen. Eine Führungskraft mit Leadership-Qualitäten sollte der Innovationsmotor für ihren Betrieb sein. Daher besitzt sie eine klare Vorstellung davon, welche Entwicklung ihr Unternehmen kurz-, mittel- und langfristig nehmen sollte. Dieses innere Bild muss die Führungspersönlichkeit jedoch ebenso gut kommunizieren können. Einer charismatischen Führungskraft gelingt es, ihren Mitarbeitern nicht nur die Werte und Ziele zu vermitteln, sondern diese auch für diese zu begeistern. Diese Führungskräfte besitzen zusätzlich die Fähigkeit, aus ihren Mitarbeitern ein eingeschworenes Team zu formen.

Nähere Informationen zum Entwickeln von Leitbildern und Visionen, erhalten Sie in Kap. 6.

5.3.2 Die besondere Verantwortung für Gründer: Vorbild sein

Wer sich ein bestimmtes Verhalten, Werte, Haltung oder Erscheinungsbild von seinen Mitarbeitern wünscht, sollte dies entsprechend vorleben. Handelt die Führungspersönlichkeit mit den eigenen Ansprüchen im Einklang, ermöglicht dieses Verhalten den Mitarbeitern, ihrem guten Beispiel zu folgen. Verhält sich die Führungskraft jedoch widersprüchlich, wirkt sie schnell unglaubwürdig.

Ob bewusst oder unbewusst die Führungskraft dient den Mitarbeitern zur Orientierung. Damit trägt der Führende eine besondere Verantwortung, die Werte und Ziele entsprechend im täglichen Umgang und anderen Verhaltensweisen zu repräsentieren. In der Praxis ist dies leider jedoch nicht immer der Fall. Nach einer Befragung des ZDFs im Jahr 2012 vertraten 78 % (Sicking 2012) der Mitarbeiter die Meinung, die Manager würden ihre moralischen Anforderungen und Vorbildfunktion nicht erfüllen.

Im Rahmen dieser Vorbildfunktion spielt auch der Umgang mit eigenen Fehlern eine zentrale Rolle. Wer eigene Fehler leugnet, zur „Salamitaktik" greift oder diese unter den Teppich zu kehren versucht, kann gleichzeitig keine funktionierende Fehlerkultur von seinen Mitarbeitern erwarten. Doch gerade Letztere ist für den Erfolg ihres Unternehmens von entscheidender Bedeutung (Nähere Information über eine offenen Fehler- und Kritikkultur in Kap. 9). Daher sollte eine Führungskraft stets selbstkritisch mit den eigenen Fehlern umgehen und offen zu diesen stehen. Irren ist schließlich menschlich und ein transparenter Umgang mit den eigenen Irrtümern macht den Vorgesetzten nicht nur sympathischer, sondern ist zudem ein Zeichen von charakterlicher Stärke.

Ebenso wichtig ist es, dass deutlich wird, dass der Vorgesetzte seinen Einsatz für die Sache und nicht für seinen persönlichen Gewinn leistet. Es mag offensichtlich scheinen, dass niemand sich für eine Führungskraft begeistern wird, die hauptsächlich um der eigenen Vorteile willen handelt.

Häufig gibt es leider eine Diskrepanz zwischen dem, was ein Vorgesetzter kommuniziert und dem, wie er tatsächlich handelt. Doch wer seiner Belegschaft Wasser predigt und selbst (heimlich) Wein trinkt oder auf andere Weise seiner Vorbildfunktion nicht nachkommt, riskiert über kurz oder lang die Abwanderung von kompetenten Personal, eine zunehmende Desorientierung des Teams sowie eine stetige Erosion von Unternehmenswerten.

5.3.3 Der Gründer als Coach

Die Führungskraft mit *Leadership*-Eigenschaften agiert zusätzlich als Ratgeber, der die Entwicklung der Mitarbeiter fördert und diese unterstützt. In Gesprächen mit Mitarbeitern mit starken Coaching-Elementen begibt sich die Führungskraft auf Augenhöhe mit dem Gesprächspartner und man ermittelt gemeinsam zukünftige Zielvereinbarungen. Hierbei überlässt die Führungskraft dem Mitarbeiter einen Entscheidungs- und Gestaltungsfreiraum. Um die Aufgabe des Mitarbeiter-Coachings vornehmen zu können, sollte die Führungskraft nicht nur eine sehr gute Ausbildung und eine umfassende Erfahrung besitzen, sondern darüber hinaus aktiv zuhören können, einen empathischen und einen wertschätzenden Umgang mit den Mitarbeitern pflegen.[1]

5.3.4 Ein Leader delegiert

Wer seiner Führungsrolle gerecht werden will, muss genug Vernunft besitzen, um die Aufgaben den richtigen Leuten zu übertragen, und genügend Selbstdisziplin, um ihnen nicht ins Handwerk zu pfuschen.
Theodore Roosevelt, 1901–1909 der 26. Präsident der Vereinigten Staaten (1858–1919)

---

[1] Näheres zu Motivations-, Förderungs- und Coaching-Gesprächen können Sie in meinem Buch nachlesen: Siegel, T. (2018). Motivations- und Feedbackgespräche. In T. Siegel, *Mitarbeitergespräche in Steuerkanzleien. Erfolgreich kommunizieren und motivieren* (S. 67-78). Wiesbaden: Springer Gabler Verlag.

Nicht alles selbst zu machen und Aufgaben zu delegieren, ist eine der Kernaufgaben des Führens. Egal ob aus Angst vor Macht- und Kontrollverlust, mangelndem Vertrauen in die Fähigkeiten der Mitarbeiter oder aus falschem Pflichtbewusstsein, wer nicht richtig delegiert, gibt ein essenzielles Führungsinstrument aus der Hand. Auch eine Führungskraft nach dem tradierten Managementmodell muss Aufgaben verteilen können, doch der Leader macht aus dem Delegieren eine hohe Kunst. Denn durch das Übertragen von Aufgaben und dem damit zum Ausdruck gebrachten Vertrauen, schafft der Führende Motivation, Identifikation mit dem Unternehmen und stützt den Selbstwert des Mitarbeiters. Damit die Aufgabenübertragung jedoch erfolgreich verläuft, muss der Führende sowohl die individuellen Stärken und Schwächen seiner Mitarbeiter sowie ihre Auslastung sehr gut kennen. Auf keinen Fall sollte man sie durch die neuen Aufgaben über – oder unterfordern, sondern fördern. Damit die Übertragung motivierend wird, sollte diese nicht angewiesen, sondern gemeinsam vereinbart werden.

Die Grundvoraussetzung für erfolgreiches Delegieren ist ein genaues Briefing. In diesem Briefing werden alle wesentlichen Punkte angesprochen und ein abgesteckter Kompetenz- und Handlungsrahmen (zum Beispiel Budgetverantwortung bis zu einer bestimmten Summe) für den Mitarbeiter festgelegt. Im Rahmen einer Zielvereinbarung halten sie genau definierte, erwünschte Ergebnisse sowie einen konkreten Umsetzungsplan mit Etappenzielen schriftlich fest. So werden eventuelle Missverständnisse von vornherein ausgeschlossen.

Wer Aufgaben abgibt, muss schließlich auch wirklich abgeben können. Ständige Nachkontrolle oder kurzfristige Wieder-Übernahme der Aufgaben sind ein absolutes No-Go und würden die anfängliche Begeisterung des Mitarbeiters in Kürze restlos beseitigen. Ein Führender sollte sich dennoch über den Verlauf des Projekts auf dem Laufenden halten, so dass er – falls notwendig – gegensteuern kann.

5.4 Leadership ist heute gefragt

Angesichts der aktuellen Anforderungen der VUCA-Welt ist *Leadership* heute mehr gefragt als je. Zwar lassen sich die zukünftigen Aufgaben ohne eine „ordentliche Portion" an Fachexpertise in der jeweiligen Sparte und tradierten Managementfähigkeiten nicht bewältigen, dennoch erfordert der stete Wandel einen dynamischen Führungsstil. Verkrustete Unternehmensstrukturen, langwierige Abstimmungsprozesse und langjährige Produktentwicklungszeiten erschweren häufig einen beweglicheren Führungsstil, der in den heutigen stürmischen Zeiten so notwendig wäre.

5.5 Zwischenfazit

Im Idealfall vereint eine moderne Führungspersönlichkeit die drei Eigenschaften Leadership, Fachexperte und tradierter Manager in einer Person. Ein Gründer mit Leadership-Qualität entwickelt die notwendigen Visionen für das Unternehmen, agiert als Vorbild, Coach und Innovationsmotor für die Mitarbeiter und motiviert und inspiriert sein Team. In einer Welt des stetigen Wandels sind Unternehmer mit einem dynamischen Leadership-Stil so stark gefragt wie noch nie zuvor.

6

Schritt 1: Die fachliche Kompetenz – Inhaber/Gründer

Die „3 × 4" = Alles-Methode betrachtet die vier Anspruchsgruppen hinsichtlich der drei Kernkompetenzen (fachlich, prozessual und interpersonell). Teil II dieses Buches setzt sich mit dem Inhaber und Gründer sowie Fragen des Selbstmanagements auseinander. Dieses Kapitel widmet sich den verschiedenen Aspekten der fachlichen Fähigkeiten des Unternehmers.

Das „*command & control*"-Führungsprinzip aus früheren Tagen hat heute längst ausgedient. Erfolgreiche Führung ist heute ein ständiger Drahtseilakt zwischen fachlichen, organisatorischen und persönlichen Qualifikationen. Je nach Branche, Betriebsart und Größe stellen sich unterschiedliche fachliche Anforderungen an die Führungspersönlichkeit, dennoch gibt es einige gemeinsame Aspekte der fachlichen Kompetenz wie die Fähigkeit geeignete Leitbilder zu entwickeln oder die Strategiekompetenz. Darüber hinaus behandelt dieses Kapitel weitere

Stellschrauben der Erfolgsstrategie wie Produkt-, Markt- und Ressourcenstrategien und das Analyseinstrument Benchmarking.

6.1 Führen und Werte

Ein Unternehmer steht vor der Aufgabe, eine klare Unternehmensvision und daraus abgeleitete Ziele zu formulieren. Diese Ziele beruhen wiederum auf den Werten, die die Führungspersönlichkeit für das Unternehmen definiert. Im Rahmen meiner Gründungsberatung erlebe ich immer wieder, dass viele Gründer sich zwar sehr stark mit ihrer Geschäftsidee, einfallsreichen Marketingkonzepten und Preiskalkulationen auseinandersetzen, sie jedoch zu wenig in sich hineinhorchen, um ihre eigene Werte auszuloten. Doch nur wer seine inneren Überzeugungen wirklich kennt, kann auf Basis dieser auch führen. Wer andere mitreißen und bewegen will, muss sein Gegenüber mit seinen eigenen Wertmaßstäben ansprechen und überzeugen.

Als wichtige Grundkonstanten werden häufig Wertschätzung, Integrität, Mut, Zuverlässigkeit, Transparenz, Verantwortung und Vertrauen von Führungspersönlichkeiten genannt.

6.2 Der Gründer als Entwickler von Leitbildern

Hat sich ein Gründer oder Unternehmer auf seine Werte besonnen, gilt es nun auf Basis dieser Visionen und Leitbilder für das eigene Unternehmen zu entwickeln. Dies ist eine der zentralen Aufgaben einer Führungspersönlichkeit, da Leitbilder dazu dienen, eine positive Identifikation der Stakeholder mit dem Unternehmen zu erzeugen. Der Führende formuliert ein bestimmtes, erstrebenswertes Ziel, aus dem die Zukunftsvision für das Unternehmen abgeleitet wird. Diesem neuen Leitbild können die Interessengruppen häufig zusätzliche allgemeine Verhaltensregeln entnehmen.

6.2.1 Voraussetzungen für gelungene Leitbilder

Wofür steht das Unternehmen? Was will es erreichen? Mit welchen Mitteln soll das Ziel erreicht werden?
Leitbilder sind nicht einfach frei wählbar. Vielmehr müssen sie in dem Unternehmen tief verankert und mit seinem Zweck vereinbar sein. Daher stellt sich zunächst die Frage, welche Produkte oder Dienstleistungen das Unternehmen anbietet und welches positive Weltbild es hiermit verfolgt. Darüber hinaus sollte das Leitbild mit den obersten Unternehmenszielen und deren Verhaltensgrundsätzen in Einklang stehen.
Sowohl die Mitarbeiter als auch die Abnehmer/Kunden sind von dem Unternehmen und dessen Produkten oder Dienstleistungen zu überzeugen. Durch das Leitbild erhalten alle Stakeholder eine erste Vorstellung von den Unternehmenswerten und können diese mit den eigenen Werten abgleichen.

6.2.2 So werden Leitbilder einprägsam

Leitbilder erfüllen viele Aufgaben. Sie sollen Identifikation schaffen, motivieren und den Mitarbeitern im Zweifelsfall eine Orientierungshilfe bieten. In anderen Fällen erleichtern sie die Personalauswahl oder die Grundlage für Kampagnen und Strategien liefern.
Damit das Leitbild einprägsam ist, sollte es möglichst positive Emotionen und Bilder hervorrufen. Eine bildhafte Sprache (Beispiel: „Wir machen den Weg frei"/Volksbanken Raiffeisenbanken) ist hierbei hilfreich. Zudem sollten die Ziele des Leitbildes realistisch, erreichbar und „machbar" wirken, da sie ansonsten eher allgemeine Belustigung als Begeisterung auslösen. Die Einzelziele dürfen nicht in Widerspruch zueinanderstehen und sollten langfristig Gültigkeit besitzen.
Außerdem sollten Leitsätze stets kurz und verständlich formuliert werden, so dass keine Deutung notwendig und Missverständnisse ausgeschlossen sind. Wirken die Leitsätze leicht austauschbar, entfachen sie kein „Feuer" beim Betrachter und wirken wie ein reines „Lippenbekenntnis", das durch die tatsächliche Arbeit des Unternehmens

nicht untermauert werden kann. Stattdessen sollte in einer Ist-Analyse untersucht werden, welche Werte tatsächlich im Alltag bestehen und in das Leitbild übertragen werden können. Das angestrebte, herausfordernde und zukünftige (Ideal-)Bild des Unternehmens (Wer wollen wir sein?) darf ebenfalls Eingang in die Unternehmensvision finden.

6.2.3 Umsetzung des Leitbildes

Nachdem das Leitbild intern in entsprechenden Schulungen allen Mitarbeitern kommuniziert wurde, müssen besonders die Führungskräfte dieses vorleben (vergleiche 5.3.2. Die besondere Verantwortung: Vorbild sein). Im nächsten Schritt wird das Leitbild in Form von Werbekampagnen, Broschüren oder durch die *Social Media*-Kanäle den Stakeholdern, beispielsweise den Kunden und der allgemeinen Öffentlichkeit, bekannt gemacht.

Über die Jahre ist es wichtig, das Leitbild gegebenenfalls entsprechend anzupassen, falls es „etwas Staub angesetzt" haben sollte oder nicht mehr mit den Unternehmenszielen übereinstimmt. Da Leitbilder ein tiefes Bekenntnis zu bestimmten Werten enthalten, kann man diese nur unter besonderen Umständen vollständig austauschen und ändern. Sollte sich ein Leitbild langfristig als nicht haltbar erweisen, ist eine Anpassung dennoch unvermeidbar.

6.3 Strategie-Kompetenz

Die Strategiekompetenz gilt als eine der wichtigsten Fähigkeiten für Führungskräfte. Kein Wunder, denn die Fähigkeit zum Vorausdenken, Vorausplanen ist angesichts der Herausforderungen der VUCA-Welt und vom Tagesgeschäft überfluteten Unternehmen alles andere als leicht.

Ein guter Unternehmer entwickelt seine Strategie selbstverständlich nicht nur aus dem Bauch heraus, sondern diese basiert auf einer umfassenden Kernkompetenzanalyse des eigenen Unternehmens sowie einem Vergleich mit relevanten Mitbewerbern (Benchmarking).

Kernkompetenzanalyse

Welche Kernkompetenzen besitzt Ihr Gründungsunternehmen?

Die fachliche Kompetenz beinhaltet insbesondere die Fähigkeit, sein Unternehmen einer kritischen Analyse zu unterziehen. Diese Untersuchung dient vornehmlich dem Ziel, die eigene Position am Markt zu ergründen und interne Potenziale zu erkennen. Welche Stärken und welche Schwächen hat das Unternehmen? Um dieses festzustellen, sollte man auch den Vergleich mit anderen Anbietern auf dem Markt wagen, um die wesentlichen Kernkompetenzen des Unternehmens zu ermitteln.

Als Kernkompetenz gelten Fähigkeiten,[1] die für den Abnehmer beziehungsweise den Kunden eine gewisse Bedeutung besitzen, die nicht in gleicher Weise bei einem anderen Anbieter erhältlich sind. Sind solche Kernkompetenzen gegeben, liegt ein echter Wettbewerbsvorteil vor.

Das Vorliegen einer Kernkompetenz erfordert hiernach einen hohen Nutzen für den Kunden bei gleichzeitig geringer Limitierbar- und Ersetzbarkeit. Eine hohe Ersetzbarkeit liegt vor, wenn anstelle des Produkts oder der Dienstleistung einfach ein anderes Angebot auf dem Markt wahrgenommen und hierdurch dasselbe Ziel erreicht werden kann. Wer zum Beispiel kein Taxi rufen möchte, hat vielerorts andere Anbieter wie z. B. *Uber* etc. zur Auswahl. Durch die neuen Anbieter sind die Leistungen tradierter Taxiunternehmer sehr viel ersetzbarer geworden.

Die Kernkompetenzen sind häufig eine grundlegende Stärke des Unternehmens, umso mehr sollte sich der Inhaber ihrer bewusst sein. Oft ergibt sich die besondere Kernkompetenz auch aus der Kombination von zwei Kernkompetenzen. Beispielsweise bot der Uhrenhersteller *Swatch* nicht nur vergleichsweise günstige und wasserresistente Uhren an, sondern diese besaßen zudem ein lebensfrohes, flippiges Design. Erst die Kombination der beiden Kompetenzen definiert den Markenkern. Ähnlich verhält es sich bei dem Smart-Kleinwagen des im Jahr 1994 gegründeten gleichnamigen Automobilherstellers. Die Grundidee war die Herstellung eines Kleinwagens unterhalb der VW-Polo-Größe. Gleichzeitig war der Smart ein Parkplatzwunder und ein auffälliges

---

[1] In der Praxis wird jeder Vorteil eines Unternehmens oder Fähigkeit, in der dieses besser ist, bereits als Kernkompetenz angesehen. Diese Betrachtungsweise verwässert den Begriff sehr stark und weitet ihn zu sehr aus.

Designobjekt mit hohem Wiedererkennungswert. Auch hier entstand der Markenkern erst durch die Kombination verschiedener Kompetenzen.

Grundsätzlich ist ein technischer Vorsprung in der Entwicklung ebenfalls eine Kernkompetenz, diese ist jedoch häufig letztendlich immateriell. Vor einer Limitierung durch andere Anbieter kann sich ein Unternehmer mit Patenten oft nur begrenzt schützen, da die Anbieter in diesen Fällen häufig einfach nur etwas „sehr Ähnliches" auf den Markt bringen, ohne dass das Patent hiervon berührt wird. Auch aus diesem Grund sollte eine technische Innovation mit anderen Kernkompetenzen verwoben werden.

Bei der Ermittlung der eigenen Kernkompetenzen – falls diese nicht offen auf der Hand liegen – sollte sich der Inhaber fragen, welche Eigenschaften seines Angebots einen besonders hohen Wert für den Nutzer besitzen. Im nächsten Schritt sollte überprüft werden, ob diese Fähigkeiten leicht durch andere Anbieter nachahmbar sind (oder ob diese bereits imitiert wurden und ob eine leichte Substituierbarkeit durch andere Leistungen (siehe oben) möglich ist). Die Analyse der Kompetenzen kann übrigens grundsätzlich unternehmensweit oder auf ein Geschäftsfeld oder Produkt begrenzt vorgenommen werden.

Exkurs: Benchmarking

Benchmarking (siehe Abb. 6.1) ist ein Instrument der Wettbewerbsanalyse. Dieses Werkzeug geht streng genommen über die Unternehmensanalyse hinaus, denn nun wird das Unternehmen mit konkurrierenden Anbietern verglichen. Anhand dieser Analyse werden die Stärken oder Schwächen des eigenen Betriebs ermittelt. Gelegentlich wird der Begriff „Benchmarking" sehr weit für jeden Vergleich mit Konkurrenten gebraucht. Soll das Ergebnis einen wahren Erkenntnisgewinn bieten, sollte man die Gegenüberstellung mit den **stärksten** Mitanbietern vornehmen.

Im Rahmen des Benchmarkings werden nicht nur die angebotenen Produkte und Dienstleistungen, sondern auch die Prozesse, Serviceleistungen und andere wichtige Merkmale des Unternehmens verglichen. Das Ziel hierbei ist die Optimierung der eigenen Unternehmensleistungen und das Schließen einer eventuellen Leistungslücke. Nicht immer erfolgt der Vergleich mit Anbietern aus der gleichen Branche. Unter bestimmten Umständen kann ein branchenfremdes Benchmarking gewinnbringender sein.

Abb. 6.1 Benchmarking, ein Tool der Unternehmensanalyse

Was macht die Konkurrenz besser? Worin sind die anderen stark? Welche Trends spielen hierbei eine Rolle? Wer sich mit Fragen dieser Art auseinandersetzt, steckt bereits mitten im Benchmarking. In großen Unternehmen wird systematisches Benchmarking in der Regel im Rahmen des Controllings vorgenommen. Bei kleineren und mittelständischen Unternehmen gibt es häufig kein vorgefertigtes Vergleichsverfahren. Vielmehr sollte der Führende andere Vergleichsbetriebe danach auswählen, ob sie „Best Practise" ausüben, also beispielsweise in einem oder mehreren Aspekten des Leistungsspektrum überragend sind. Selbstverständlich werden hierbei nur öffentlich verfügbare Informationen und Daten verwendet und keine „Industriespionage" betrieben. Eventuell testet man die Produkte oder Dienstleistungen der anderen Anbieter und erhält auf diese Weise einen Erkenntnisgewinn. An dieser Stelle zeigt sich auch die grundsätzliche Schwäche des Benchmarkings. Häufig lässt sich zwar ermitteln, worin der konkurrierende Anbieter deutlich besser ist, doch nicht immer lässt sich feststellen, wie er das genau macht. Es kann daher vorkommen, dass die Analyse, eigene Leistungslücken aufdeckt, ohne dass es hierzu eine passende Lösung liefert.

Eine weitere Gefahr des Benchmarkings ist, dass Unternehmer häufig bestimmte Merkmale anderer Unternehmen zu kopieren versuchen, obwohl diese nicht zu den eigenen Abläufen passen. Zudem führt blinde Nachahmung nur selten zu guten Ergebnissen. Aufgrund der mangelnden Innovation kann höchstens ein schlechtes Imitat des konkurrierenden Anbieters entstehen.

> In diesen Fällen kommt es vor, dass das Benchmarking im Ergebnis mehr Schaden als Gewinn einbringt. Grundsätzlich ist das Verfahren gut geeignet, um Verbesserungspotenziale anhand von Vergleichswerten zu identifizieren und zu prüfen. Das Heranziehen der geeigneten Mitanbieter und ihrer Merkmale, das Durchführen der Analyse, die Interpretation der Ergebnisse und insbesondere die Auswahl der folgenden Maßnahmen erfordert ein hohes Maß an Fachkompetenz auf Seiten des Unternehmers oder Gründers.

6.4 Stellschrauben für Erfolgsstrategien

Unternehmerische Strategien sind konkrete Pläne, anhand derer der Führende seine Vision für den Betrieb umzusetzen versucht. In der Regel wird man eine Strategie in Bezug auf das Produkt und den Markt (Produkt- und Marktstrategie) als auch für die Ressourcen (Ressourcenstrategie) innerhalb des Unternehmens entwickeln, da keiner der Bereiche vernachlässigt werden darf.

6.4.1 Produkt- und Markt- Strategie und Ressourcenstrategie

Die Produkt-Markt-Strategie zielt darauf ab, das Produkt passgenau auf den bestehenden Markt auszurichten. In Ihrer Gründungsphase haben Sie vermutlich viel Zeit auf die Entwicklung der Produkt-Markt-Strategie verwendet. In dieser Phase haben Sie fieberhaft an allen Komponenten (Hardware, Software, Service) Ihres Produkts oder Ihrer Dienstleistung gefeilt, den Markt (Kunden, Wettbewerber, Lieferanten, Produkte) erforscht und nach reichlicher Überlegung entschieden, in welcher Region (z. B. lokal, deutschlandweit oder international) und für welche Zielgruppe Sie Ihr Produkt oder Ihre Dienstleistung anbieten möchten.

Vor dieser Entscheidung haben Sie vermutlich eine eingehende Untersuchung der Stärken und Schwächen Ihres Unternehmens vorgenommen. Da Unternehmen stets in eine größere Umwelt

(Gesellschaft, Politik, Technologieentwicklung, Wirtschaft) eingebettet sind, wurden diese analysiert, um abzuschätzen, mit welchen Neuerungen kurz-, mittel- und langfristig zu rechnen ist. Werden beispielsweise plötzlich von einem Land, in das sie gerne exportieren möchten, Strafzölle verhängt, kann dies Ihre zuvor sorgfältig vorbereitete Produkt-Markt-Strategie sehr schnell in eine Schieflage bringen, wenn diese Änderungen nicht absehbar waren.

Die Ressourcenstrategie ist ebenso von Bedeutung. Sie richtet sich auf die optimale Nutzung, den Erhalt und den Aufbau der internen Mittel des Unternehmens. Zu diesen zählen das Sachkapital, das Finanzkapital und das Humankaptal. Aus strategischer Sicht hat das Sachkapital in der Regel den geringsten Einfluss auf den Erfolg der Strategie. Zu diesem Bereich zählen auch immaterielle Güter wie Patente oder geschützte Marken. Da man zum Betreiben eines Unternehmens liquide Mittel benötigt, ist der Einfluss des Finanzkapitals auf den Erfolg der Strategie nicht zu unterschätzen. Dies gilt insbesondere, wenn der Betrieb auf eine Veränderung schnell reagieren muss oder ein Engpass eintritt, den es zu überwinden gilt.

Die dritte Ressource sind die Mitarbeiter und das damit verbundene Wissen. Näheres zur Optimierung der Stakeholder-Gruppe Bezugsquellen beziehungsweise Mitarbeiter erfahren Sie in Teil III dieses Buches.

6.4.2 Strategieentwicklung – Strategieumsetzung

Nachdem Sie Ihre Strategieoptionen aus einer umfassenden Analyse abgeleitet oder eine Grundsatzentscheidung gefällt haben, geht es nun darum, diese konsequent durchzusetzen. Darüber hinaus muss der Kurs immer wieder überprüft werden, ob dieser zu dem jeweiligen Zeitpunkt noch passend ist. Hierzu sollten sie konkrete Parameter für eine Verfahrenskontrolle entwickeln, die zu einer Kurskorrektur führen können. Das Herbeiführen von notwendigen Kursänderungen mag vielleicht auf den ersten Blick selbstverständlich wirken, doch ich erlebe immer wieder in der Praxis, wie in Betrieben Warnsignale übersehen werden, weil man zu sehr mit dem Tagesgeschäft beschäftigt ist.

6.5 Die fachliche Kompetenz des Kapitalgebers

Die fachliche Kompetenz des Kapitalgebers kann im Rahmen des 12-Punkte Plans vernachlässigt werden, da der Kapitalgeber in der Regel keinen Einfluss auf die tägliche Führungsarbeit nimmt. Für den Kapitalgeber ist es vornehmlich wesentlich, dass er in eine überzeugende Geschäftsidee und vor allem in die richtigen Gründerpersönlichkeiten investiert. Mischt allerdings ein Investor ständig bei der Lenkung des Betriebs mit, ohne dass er die fachliche Kompetenz hierfür besitzt, kann dies die Existenz des Unternehmens schwer gefährden.

> **Praxisbeispiel: fachliche Kompetenz des Inhabers**
>
> Ich durfte mehrere Jahre ein mittelständisches Unternehmen im Textilbereich betreuen. Die Inhaberin – eine ausgesprochene *Selfmade-Frau* – hat sich über Jahre ihr Wissen selbst beigebracht. Sie hat sich auf die Produktion von hochwertiger Damenoberbekleidung spezialisiert und konnte nachhaltig eine Nische in diesem Markt besetzen. Ihr einziges Kind, ein Sohn, sollte das Unternehmen bald übernehmen, weil die Mutter erkrankte und das Unternehmen in absehbarer Zeit nicht mehr führen konnte.
>
> Der Sohn hat nach seinem Abitur zunächst ein paar Semester BWL studiert, um dann eine leitende Funktion in der System-Gastronomie zu übernehmen. In diesem Bereich hat er für eine Gastronomie-Kette sehr erfolgreich die Eröffnung einzelner Filialen betreut. Die zahlreichen Gespräche mit ihm waren immer sehr interessant, er konnte stets von den neuesten Trends in dem Bereich berichten.
>
> Nach dem Krankheitsbefund der Mutter wurde der Sohn kurzfristig in einer einschlägigen Textil-Fachschule untergebracht. Er hat seinen Abschluss „gut" bestanden. Nach Ableistung diverser Praktika, unter anderem in der Hauptproduktionsstätte in Marokko, wurde er als Nachfolger im Unternehmen vorgestellt und übernahm dann zügig den Schreibtisch der Mutter. Vom Krankheitsbefund der Mutter bis zum ersten Arbeitstag des Sohnes vergingen 18 Monate.
>
> Weniger als vier Monate nach dem Einritt des Sohnes ins Unternehmen ist die Mutter verstorben, weitere zwei Jahre später musste die Firma, eine GmbH, Insolvenz anmelden.
>
> Der Sohn hat sich zwar beachtlich schnell in die Branche eingearbeitet, zum Führen des Unternehmens fehlten ihm jedoch noch wesentliche fachli-

che Kenntnisse bzw. Erfahrungen. Dazu zählt insbesondere das erfolgreiche Verhandeln mit Vertragspartnern aus anderen Ländern, der Umgang mit den „Kreativen" in dieser Branche und das richtige Gespür beim Einkauf von Stoffen. Diese Kenntnisse werden nicht unbedingt in Schulen vermittelt und die Mutter konnte diese wegen des frühen Ablebens ihrem Nachfolger nicht mehr mitgeben.

Als Steuerberater der Firma konnte ich bei der Mutter jahrelang erleben, wie sie für ihr Unternehmen begeistert war und alle neuen Entwicklungen der Branche regelrecht aufgesogen hat. So ist es ihr mit einer gewissen Leichtigkeit gelungen, in der schnelllebigen Textil-Branche Schritt zu halten. Der Sohn hat das von der Mutter übernommene Unternehmen eher als „Job" gesehen und in vielen Gesprächen keinen Hehl daraus gemacht, dass er es keinesfalls als seine Berufung ansieht, ein Textilunternehmen zu führen. Dies führte dazu, dass er zwar ein fachliches Grundwissen im Textilbereich besaß, aber nicht über den Wissens- und Erfahrungsschatz verfügte, der zur Führung eines Unternehmens in diesem Bereich notwendig ist.

Der Sohn hat sich dann nach der Schließung des Textilunternehmens sehr erfolgreich im Gastro-Bereich selbstständig gemacht.

Ergebnis:

Wer als Gründer und Unternehmer erfolgreich sein will, braucht ein hohes fachliches Wissen in seinem Tätigkeitsfeld. Der oder die Gründer müssen Spezialisten auf ihrem Gebiet sein, sodass ihnen ihr Tätigkeitsfeld vollständig vertraut ist. Ein Mindestmaß an Begeisterung fördert dies ungemein. Bei Teamgründungen ist es hilfreich, wenn das Wissen der Team-Mitglieder sich ergänzt. In Bereichen, die nicht zum „Core-Business" eines Unternehmens gehören (z. B. Rechnungslegung, Marketing, Logistik, etc.), kann man Wissen ohne weiteres „einkaufen".

6.6 Zwischenfazit

In ersten Schritt des 12-Punkte Plans nach der 3 × 4 = Alles-Methode wird die fachliche Kompetenz in Bezug auf den Gründer/Inhaber oder Kapitelgeber optimiert.

Die fachlichen Voraussetzungen für die Branche und Unternehmensart werden viele Inhaber bereits im Rahmen ihrer Berufsausbildung, Studium oder langjährige Berufspraxis erworben haben. Zur fachlichen Kompetenz eines Führenden gehört auch die Kenntnis, wie die langfristige Vision und das Leitbild für das Unternehmen aussieht. Dieses sollte in Einklang mit den persönlichen Wertvorstellungen des Führenden stehen.

Falls Sie noch kein Leitbild für Ihr Unternehmen entwickelt haben sollten, holen sie dieses nach und verwenden Sie hierbei möglichst eine bildhafte und leicht verständliche Sprache. Vergessen Sie nicht, dass das Leitbild Sehnsucht bei Ihren Stakeholdern auslösen soll. Nach der Entwicklung verankern Sie dieses in Ihren Berufsalltag und kommunizieren Sie dieses nach innen und nach außen.

Zu den wichtigsten fachlichen Kernfähigkeiten einer Führungskraft gehört die Strategiekompetenz. Diese wichtige Schlüsselfunktion umfasst die Fähigkeiten zu langfristigen Vorausdenken und Vorausplanen – auch in Zeiten stetigen Wandels. Die Strategieentwicklung erfolgt jedoch nicht im „luftleeren Raum", sondern basiert auf Instrumenten wie der Kernkompetenzanalyse und des *Benchmarkings*. Anhand einer Kernkompetenzanalyse werden die Kernkompetenzen eines Unternehmens identifiziert und anschließend bewertet. Das Benchmarking bezeichnet eine kontinuierliche Vergleichsanalyse mit den stärksten konkurrierenden Anbietern. Das Verfahren dient dazu eventuelle Leistungslücke aufzuspüren und aus dem Vergleich mit den Besten zu lernen. Neben all diesen Kompetenzen sollte der Gründer zusätzlich den richtigen Spürsinn für das eigene Geschäftsfeld mitbringen. Nur wer für sein Betätigungsfeld brennt, kann auf diesem Gebiet wahre Exzellenz entfalten.

7

Schritt 2: Die prozessuale Kompetenz – Inhaber/Gründer

Es ist ein verbreiteter menschlicher Fehler, bei schönem Wetter nicht mit Stürmen zu rechnen.
Niccolo Machiavelli (1469–1527)

Das Wetter kann schnell umschlagen und stürmisch werden. Haben Sie Ihr Unternehmen bereits wetterfest gemacht?

Dieses Kapitel untersucht die prozessuale Kompetenz des Inhabers, Gründers oder Unternehmers. In diesem Schritt überprüfen Sie, welchen Kurs und welches Ziel Sie mit Ihrer Unternehmensstrategie ansteuern. Hierzu werden die Instrumente der Marktanalyse und verschiedene Vorgehensweisen im Verhältnis am Markt betrachtet. Außerdem stellt dieses Kapitel verschiedene Werkzeuge vor, wie man eine agile Kultur schaffen und neue Potenziale als Führungskraft nutzen kann.

7.1 Flexibles Stakeholder-Management – Agilität

Wie bereits in Kap. 4 erläutert sollte das Stakeholder-Management flexibel sein. In diesem Kontext wird häufig von „agilen Management" (siehe Abb. 7.1) gesprochen. Dieses ist im Kern nichts anderes als ein auf Flexibilität basierendes Stakeholder-Management. Doch gerade an der Wandelbarkeit mangelt es in Unternehmen mit statischen Strukturen und altmodischen Führungskonzepten, in denen Entscheidungsfindungen langwierige und bürokratische Prozesse sind. Ein dynamisches Stakeholder-Management sollte hingegen in der Lage sein, auf Änderungen in kürzester Zeit zu reagieren.

Eine der wichtigsten Voraussetzungen dieses dynamischen Stakeholder-Managements ist es, zunächst einmal überhaupt den Blick auf die möglichen Änderungen gerichtet zu haben. Dieses bedeutet, dass ein dynamisches Skateholder-Management zwei Schritte beinhaltet: Zunächst werden die relevanten Entwicklungen wahrgenommen beziehungsweise antizipiert und anschließend entsprechend proaktiv gehandelt. Ist das Unternehmen in der Lage schnell und flexibel zu reagieren, kann dies

Abb. 7.1 Agilität für Gründer

einen entscheidenden Wettbewerbsvorteil gegenüber den konkurrierenden Anbietern bedeuten.

Wie setzt man ein solches dynamisches Verfahren nun am besten um? In vielen Unternehmen ist zwar der Wille für mehr Flexibilität da, aber bei der Umsetzung hapert es häufig. Ein Rundmail an die gesamte Belegschaft ist beispielsweise kein geeignetes Mittel, um grundlegende Neuerungen vorzunehmen. Vielmehr sollten die strukturellen Voraussetzungen für ein dynamisches Stakeholder-Management vorhanden sein. Um diese Voraussetzungen zunächst einmal zu erkennen und entsprechend zu verankern, muss in manchen Betrieben jedoch zunächst ein grundlegendes Umdenken stattfinden.

Die nachfolgenden Abschnitte erläutern, welche strukturellen Grundvoraussetzungen ein dynamisches Stakeholder-Management überhaupt erst ermöglichen.

7.1.1 Aufmerksame Stakeholder- und Marktbeobachtung

Wie bereits oben ausgeführt, ist die Voraussicht beziehungsweise das Ausschauen nach relevanten Veränderungen der erste notwendige Schritt. Aus diesem Grund sollte zunächst geklärt werden, wer in dem Unternehmen die Verantwortung für diese Aufgabe übernimmt. In der Regel wird dies einer der Gründer oder der Inhaber selbst sein, in anderen Fällen ist die Marktbeobachtung so komplex, dass man die gesamte oder Teile der Belegschaft mit einbindet, ein Reporting-System einführt oder regelmäßig die Beobachtung von relevanten Veränderungen abfragt.

7.1.2 Aufmerksame Kommunikation

Heutige Gründer benötigen ein hohes Maß an aufmerksamer Beobachtungsgabe. Ein dynamisches Stakeholder-Management ist nur mit einer aufmerksamen Kommunikation möglich. Dies bezieht sich auf alle Stakeholder-Gruppen, wobei sich auch hier die Gewichtung je nach Branche und Unternehmensart stark unterscheiden kann. Grundsätzlich lautet die Devise: Immer im Gespräch bleiben. Auf Veränderungen kann man nur dann schnell reagieren, wenn alle Beteiligten entsprechend informiert sind und wissen, was sich geändert hat und welche korrigierende Handlung nun vorzunehmen ist.

Tritt zum Beispiel ein konkurrierender Anbieter auf den Markt, der sich mit einem ähnlichen und günstigeren Angebot an die gleiche Zielgruppe wendet, sollte das eigene Unternehmen möglichst früh Kenntnis davon erhalten, anschließend die entsprechende Strategie auswählen (z. B. Erweiterung der Zielgruppe, Erweiterung des Produkt-Portfolios etc.) und diese dann sowohl den Mitarbeitern, aber in diesem Fall insbesondere den Abnehmern, klar kommunizieren.

In meiner Kanzlei halte ich jeden Dienstagmorgen eine Sitzung für alle Mitarbeiter aus allen Abteilungen ab. Hier werden nicht nur die Aufgaben der Woche, eventuelle rechtliche Neuerungen, sondern auch alle aktuellen Herausforderungen besprochen. So sind immer alle auf dem neuesten Stand. Unternehmen mit einer größeren Belegschaft werden ihre Sitzung nicht im „großen Plenum" abhalten können. Hier gilt es darauf zu achten, dass die verschiedenen Abteilungen miteinander im Austausch bleiben. Grundsätzlich sind kurze Kommunikationswege die Grundlage für ein flexibles Stakeholder-Management.

7.1.3 Flache Hierarchien

Nichts bremst die Flexibilität und Innovation so sehr wie hierarchische Organisationsstrukturen, in denen kaum jemand etwas entscheiden darf. Hat der Kunde eine Beschwerde oder äußert er einen Wunsch, sind seinem Gegenüber häufig die Hände gebunden. In diesem Fall wird er das Anliegen vielleicht gleich beiseiteschieben, wenn er hierzu erst seinen Vorgesetzten fragen muss, der möglicherweise verärgert auf die zeitraubende Nachfrage reagiert. Anhand solcher Strukturen entsteht nicht nur rasch schlechter Service, sondern in manchen Fällen sogar Handlungsunfähigkeit.

In vielen kundenorientierten Unternehmen sind daher derartige lange Entscheidungswege heute kaum noch praktikabel. Doch auch für Unternehmen jenseits des Dienstleistungs- und Kundensektors gilt: Flexibilität ist nur mit flachen Hierarchien umsetzbar.

Der Unternehmer steht somit vor der Herausforderung, seinen Betrieb nicht nur entsprechend auszurichten, sondern auch für das geeignete, handlungsfähige Personal zu sorgen.

7.1.4 Fachgerechtes Delegieren

Flache Hierarchien beinhalten, dass der Führende fachgerecht delegiert. Er muss darauf verzichten können, aus mangelndem Vertrauen in die Fähigkeiten seiner Mitarbeiter (oder aus anderen Beweggründen) alles selbst in die Hand zu nehmen oder jede Kleinigkeit kontrollieren zu wollen. Gerade ein solcher Eigen- oder Kontrollwahn verhindert die effiziente Nutzung der Ressourcen. Zudem hat der Mitarbeiter, der direkt mit der Sache befasst ist, häufig einen klareren, unverstellten Blick auf den betreffenden Sachverhalt.

Fachgerechtes Delegieren birgt viele Vorteile für alle Beteiligten. Der Kunde erhält schneller eine Antwort. Der Mitarbeiter darf mehr Verantwortung übernehmen und selbstbestimmter arbeiten. Hat der Führende sein Team gut ausgewählt, so profitiert auch er mit mehr Freiraum und Zeit für die eigentlichen Kernaufgaben der Unternehmensführung.

7.1.5 Kurze Umsetzungszyklen

Kurze Umsetzungszyklen sind eine weitere Grundvoraussetzung des dynamischen Stakeholder-Managements. Werden Projekte lange diskutiert und entwickelt, bis man sich zum Schluss der Frage stellt, ob die Ergebnisse überhaupt den aktuellen Anforderungen entsprechen, hat man in Zeiten des stetigen Wandels eher schlechte Karten. Für eine höhere Flexibilität sollte man die Erwartungen an das Ergebnis am Anfang als Zielvorgabe sowie einen festen Zeitplan festlegen. Auf diese Weise können die Entwicklungen regelmäßig kontrolliert werden, während gleichzeitig überprüft wird, ob die Zielvorgaben noch immer den gegenwärtigen Ansprüchen entsprechen. Entsteht die Notwendigkeit der Korrektur der Zielvorgabe oder muss auf eine andere Weise in den Prozess eingegriffen werden, verfügt man über schnelle Handlungsmöglichkeiten.

7.1.6 Vertrauen und eine offene Fehler- und Kritikkultur

Wie bereits zuvor ausgeführt ist eine offene Fehler- und Kritikkultur ein weiteres, wichtiges Element des Stakeholder-Managements und daher auch bei der Herstellung einer höheren Flexibilität unverzichtbar.

> **Praxisbeispiel: die prozessuale Kompetenz des Inhabers**
>
> Seit mehreren Jahren betreue ich eine freiberufliche Sozietät von Vater und Sohn. Der Vater ist die treibende Kraft in der Akquisition und für die fachliche Arbeit, der Sohn für die interne Organisation der Firma zuständig, also insbesondere für das Personal und das Rechnungswesen. Während der Vater einen sehr geregelten Arbeitstag hat und sich gemäß dem „Eisenhower-Prinzip" nur von den wichtigen und – wenn es sein muss – von den dringenden Arbeiten leiten lässt, verliert sich der Sohn in Unwichtigkeiten und gestaltet dabei seinen Arbeitstag und seine Arbeitswoche sehr unstet. Bei dringenden Terminen arbeitet er oft bis spät in die Nacht, um am nächsten Tag erst mittags in der Firma zu erscheinen. Im normalen Arbeitsmodus verliert er sich zumeist in Kleinigkeiten, die für das „Große" keine Bedeutung haben. So kann er mit der Beschaffung von vier Bildschirmmonitoren durchaus mehrere Tage mit Preisvergleichen verbringen, ohne zu erkennen, dass mit seiner Arbeitszeit dies die teuersten Bildschirme sein werden, die es gibt.
>
> Vater und Sohn haben sich mit ihren unterschiedlichen Arbeitsweisen abgefunden, nicht aber die Mitarbeiter und Kunden des Unternehmens. Das Personal leidet sehr darunter, dass der Ansprechpartner für organisatorische Belange nicht planbar ansprechbar ist und Entscheidungen in diesem Bereich viel zu lange dauern. Die unternehmensinterne Kommunikation funktioniert sehr schlecht, weshalb es zum einen zu zahlreichen Fehlentscheidungen kommt und zum anderen die Fluktuation beim Personal sehr hoch ist. Die Kunden nehmen durch diesen Umstand wahr, dass das Unternehmen zwar fachlich hervorragende Arbeit leistet, aber in der unternehmensinternen Umsetzung durch die mangelnde Kommunikation viele Fehler passieren. So wurden schon mehrmals Fristen versäumt, Angebote doppelt verschickt und Anfragen von Kunden nicht oder viel zu spät beantwortet.
>
> Die Folge ist, dass das Unternehmen wichtige Mitarbeiter verloren hat, die mit der mangelnden Organisation nicht mehr zurechtkamen. Sie erkennen unschwer, dass andere Firmen in diesen internen Prozessen (z. B. Digitalisierung) viel weiter sind und wechseln zu diesen Arbeitgebern, weil sie dort bessere Entwicklungschancen und einen sichereren Arbeitsplatz sehen.

Auch bedeutende Kunden haben sich vom Unternehmen getrennt. Trotzdem sie die fachliche Arbeit des Unternehmens geschätzt haben, war der Kontakt mit dem „BackOffice" derart mühsam, dass man sich andere Dienstleister gesucht hat.

Selbstverständlich kommt es bei einem solchen „modus operandi" auch zu Herausforderungen mit dem Stakeholder „Staat". Nicht beachtete Fristen bei (halb-) staatlichen Stellen, wie Finanzamt, Kammern, Sozialversicherungsbehörden, etc. führen zwangsläufig zu Unannehmlichkeiten, die zumeist teuer, aber immer ärgerlich sind. Zuletzt drohte der Sozietät der Ausschluss aus der Kammer (was einem Berufsverbot gleichkommt), weil der Kammerbeitrag wegen einer geänderten Kontoverbindung nicht abgebucht werden konnte. Zum Glück konnte das in letzter Minute noch abgewendet werden.

Ergebnis:

Ein Unternehmer oder ein Unternehmer-Team, unabhängig davon, ob bei Gründungsunternehmen oder bei bestehenden Unternehmen, sollte darauf achten, bezüglich der Arbeitsweise gegenseitig, aber vor allem gegenüber den Mitarbeitern ein Vorbild zu sein. Die mitarbeitenden Eigentümer sollten sich klar sein, dass sie bezüglich ihrer Effektivität und Effizienz in einem besonderen Fokus stehen. Bekanntlich stinkt der Fisch ja vom Kopf.

7.2 Zwischenfazit

Um in Zeiten des stetigen Wandels das Stakeholder-Management dynamisch halten zu können, müssen neben einer klaren Vision, Transparenz und kohärenten Handeln einige weiteren Grundvoraussetzungen gegeben sein. Zu diesen gehören neben einer aufmerksamen Marktbeobachtung beziehungsweise Beobachtung der Stakeholder, eine erfolgreiche Kommunikation mit allen Stakeholdern sowie flache Hierarchien und kurze Umsetzungszyklen.

8

Schritt 3: Die interpersonelle Kompetenz – Inhaber/Gründer

Welche zwischenmenschlichen Kompetenzen benötigt ein Gründer zum Erfolg?

Dieses Kapitel beschäftigt sich mit dem Selbstmanagement des Unternehmers/Gründers und richtet den Blick auf seine interpersonellen Kompetenzen. In der Praxis werden diese wichtigen Fähigkeiten leider häufig unterschätzt. Diese Fehlbewertung ist nicht allein der Selbstüberschätzung der Chefetage geschuldet, sondern fußt auf der weit verbreiteten Annahme, dass jeder sehr gute soziale Fähigkeiten besitzt. Dies entspricht leider nicht immer der Realität.

Kap. 5 setzte sich bereits mit verschiedenen Führungsstilen (Leadership, Fachexperte und tradiertes Management) auseinander. Dieses Kapitel erläutert ergänzend, wie sich Führungskräfte in ihrem Verhalten und Führungsstil über die oben genannten Aspekte hinaus unterscheiden und gibt eine Übersicht über typische Führungsstile. Außerdem vermittelt dieses Kapitel wichtige Aspekte des Selbstmanagements, die für eine

Verbesserung der alltäglichen zwischenmenschlichen Interaktion wesentlich sind und somit ein erfolgreicheres Stakeholder-Management ermöglichen.

8.1 Definition Führungsstil

Welche Arten von Führungsstilen gibt es und welcher ist der Beste? Besonders in stürmischen Zeiten stellen sich viele Gründer diese Frage. Der Begriff Führungsstil beschreibt eine grundsätzliche Handlungsmaxime eines Vorgesetzten und ist von dessen Führungsverhalten begrifflich abzugrenzen. Letzteres wird der jeweiligen Situation angepasst, während der der Führungsstil eine grundsätzliche Handlungsmaxime beschreibt.

In der Management-Theorie gibt es immer aktuelle Trends und Schlagwörter, die einen neuen Führungsstil propagieren, der gerade „in" ist und dem gegenwärtigen Zeitgeist entspricht. Der 12-Punkte-Plan nach der „3 × 4 = Alles"-Methode zeigt jedoch, dass ein erfolgreiches Stakeholder-Management bereits alle wichtigen Aspekte dieser Entwicklungen berücksichtigt. Nach der „3 × 4 = Alles"-Methode sorgt eine Führungskraft nicht nur für die reibungslose Organisation der Wertschöpfungskette, sondern berücksichtigt zudem die Wünsche und Bedürfnisse der verschiedenen Anspruchsgruppen.

Wie jemand führt, ist stark von seinen inneren Überzeugungen und seiner Haltung geprägt. Daher ist es wichtig, diese inneren Vorstellungen zu überprüfen und mit den eigenen Wünschen abzugleichen. Der Bestseller-Autor Stephen Covey (2005) schlägt vor, dass der Führende sich nach der Entwicklung eines Leitbildes durch verschiedene Vorstellungsübungen darüber klar zu werden versuchen sollte, was er am Ende seines Lebens erreicht haben möchte. Covey betitelt diesen Prozess der Selbstbefragung mit „schon am Anfang das Ende im Sinn haben". Ziel dieser Auseinandersetzung ist es, an den Kern der eigenen Bedürfnisse und Wertvorstellungen beziehungsweise einer mentalen Vision zu gelangen und auf Basis dieser eine persönliche Leitvision zu entwickeln.

Techniken und Methoden des Zeit- und Selbstmanagements sind nach seiner Ansicht nur Werkzeuge, um die Verwirklichung der tiefergehenden Bedürfnisse und Wertvorstellungen zu ermöglichen, doch sie können diese niemals ersetzen. Erst wenn dieses innere Fundament erschaffen ist, sollte sich der Führende nach Covey der Selbstorganisation (siehe Abschn. 8.5 ff.) im technischen Sinn wie beispielsweise der Priorisierung widmen.

8.2 Verschiedene Führungsstile für Gründer

Die Führung ist ein komplexer Vorgang. Die Art wie geführt wird, hat sich über die Jahre stark verändert. Ob die Handlungsmaxime mit Erfolg gekrönt ist, hängt von vielen verschiedenen Faktoren ab. In der heutigen Managementtheorie wird in der Regel dem demokratischen beziehungsweise kooperativen Führungsstil der Vorzug gegeben. Dennoch ist nicht jeder Führungsstil für jedes Aufgabengebiet geeignet. Außerdem sind zwischen den nachfolgend dargestellten Handlungsmaximen vielerlei Abstufungen und Mischformen möglich.

8.2.1 Der autoritäre bzw. hierarchische Führungsstil

Der Begriff des autoritären/hierarchischen Führungsstil ist heute vornehmlich negativ besetzt. Er wird gemeinhin als nicht mehr zeitgemäß betrachtet. Nur in militärähnlichen Organisationen wie der Polizei und der Feuerwehr, die in schwierigen Situationen extrem schnell reagieren müssen, findet man heute noch Anteile dieser Strukturen.

Bei diesem Führungsstil werden alle Entscheidungen durch den Führenden gefällt. Allein ihm liegen alle Informationen vor (glaubt er), daher bezieht er seine Mitarbeiter in die Entscheidungsfindung nicht mit ein. In einem Betrieb mit dieser Struktur herrschen in der Regel klare Anweisungen und Regeln. Da kaum Abstimmungsprozesse stattfinden, werden die Anweisungen vergleichsweise rasch verrichtet.

Zu den Vorteilen dieses Stils gehört, dass Entscheidungen schnell getroffen und umgesetzt werden können, da die Befugnisse klar, übersichtlich und einseitig geregelt sind. In Konflikt- oder Krisensituationen kann dieser Stil hilfreich sein, um schnell rettende Maßnahmen einzuleiten. Warum ist der Ruf dieses Stils dennoch so negativ? Wer autoritär führt, muss mit vielen Nachteilen und „unerfreulichen Nebenwirkungen" rechnen.

Zunächst sind die Mitarbeiter in der Regel weniger motiviert, da ihnen wenig Handspielraum eingeräumt wird und verborgene Talente häufig weder gefunden noch gefördert werden. Die allgemeine Zufriedenheit der Mitarbeiter fällt oft ebenfalls gering aus, da sich die Mitarbeiter ohne Partizipationsmöglichkeit an den Entscheidungsprozessen wenig wertgeschätzt fühlen. Die allgemein geringe Motivation und Unzufriedenheit bewirkt rasch einen erhöhten Krankenstand und führt zu einer hohen Fluktuation der Mitarbeiter, was wiederum zu einem eklatanten Wissensverlust im Unternehmen führen kann. Im Einzelfall kommt es vor, dass sich ein Mitarbeiter durch diesen Stil entlastet fühlt, dies ist aber eher die Ausnahme. In der Regel möchte der Mitarbeiter sich – gerade in Wissensberufen – beteiligen und diese Partizipation führt zu einer höheren Identifikation mit dem Unternehmen und einer daraus folgenden Motivation.

Darüber hinaus können weitere Nachteile eintreten. Nicht immer liegen den Vorgesetzten wirklich alle Informationen vor, da sie sich mit bestimmten Vorgängen in der Regel nicht selbst befassen. Dieser Kenntnismangel sowie Überforderung können bei diesem Führungsstil schwere Fehlentscheidungen verursachen. Fällt der Führende krankheitsbedingt aus, entsteht häufig eine kaum zu überbrückende Lücke.

8.2.2 Der Laissez-faire-Führungsstil

Beim so genannten Laissez-faire-Führungsstil überlässt der Führende dem Mitarbeiter weitgehend die Handlungsfreiheit. Die Mitarbeiter gestalten ihre Aufgaben selbst, der Vorgesetzte kontrolliert wenig und greift kaum in das Geschehen ein. Informationen fließen eher in ungeregelten Bahnen. Dieser Stil kann entstehen, wenn der Führende den Handlungsbedarf nicht sieht oder er durch außerbetriebliche Aufgaben (zum Beispiel im Falle einer familiären Krise) stark eingebunden ist.

Dieser Führungsstil erfreut sich bei den Mitarbeitern gelegentlich hoher Beliebtheit, da sie eigenständig und fernab von jeglicher Kontrolle schalten und walten können, wie es ihnen gefällt. Allerdings kann dieser Stil auch Überforderung, Frustration, Rivalität unter den Mitarbeitern sowie Chaos in den Abläufen bewirken. Aus offenkundigen Gründen sollte dieser Stil niemals eine Dauerlösung sein.

8.2.3 Der systemische und demokratische Führungsstil

Die systemische Führung setzt auf Vernetzung und schnelle Umsetzungszyklen. Dieser Führungsstil ist auf Nachhaltigkeit und nicht auf den kurzfristigen Gewinn ausgerichtet. Unter dieser Handlungsmaxime ermutigen die Führenden ihre Mitarbeiter, ihr Wissen einzubringen und suchen gezielt nach den klügsten Köpfen. Das Team ist aufgerufen, gemeinsam vereinbarte Ziele umzusetzen und eigene Ziele zu entwickeln und zu realisieren. Die Implementierung einer Fehler-, Kritik- und Feedbackkultur sind ebenfalls wichtige Bausteine dieses Führungsstils. Der systemische Führungsstil entspricht weitgehend den Handlungsmaximen des agilen Managements.

Der demokratische beziehungsweise kooperative Führungsstil überschneidet sich stark mit der systemischen Führung. Das wesentliche Merkmal dieser Handlungsmaxime ist die enge Zusammenarbeit zwischen Führenden und Mitarbeitern bei der Entwicklung und Umsetzung von Projekten. Ein empathischer und wertschätzender Umgang, eine hervorragende Fehler-, Kritik- und Feedbackkultur sowie das gegenseitige Ergänzen der Kompetenzen sind weitere wichtige Kennzeichen dieses Stils.

8.2.4 Der dialogische Führungsstil

Der dialogische Führungsstil bestärkt möglichst viele Mitarbeiter darin, unternehmerisch zu denken und zu handeln. Der ständige Dialog und Austausch ist das zentrale Instrument, um den Mitarbeiter zu motivieren, zu fördern und zu Selbstführung zu ermutigen. Die Steigerung und Verbesserung der Kreativität und Teamarbeit sind wesentliche Merkmale dieses Stils.

Exkurs: Die mitarbeiterorientierte Gesprächsführung

Im Zusammenhang mit dem dialogischen Führungsstil stelle ich Ihnen das Instrument der mitarbeiterorientierte Gesprächsführung vor, das typischerweise sowohl im dialogischen als auch im Rahmen meines eigenen Führungsstils Gebrauch findet.

Das entscheidende Kriterium der mitarbeiterorientierten Gesprächsführung ist, dass der Führende dem Mitarbeiter in einem Gespräch ebenso viel Aufmerksamkeit wie dem Gesprächsgegenstand einräumt. Grundsätzlich stehen sich in jedem Gespräch Sender und Empfänger gegenüber (siehe Abb. *Das Sender- und Empfänger-Modell*), die wechselseitig Mitteilungen aneinander richten.

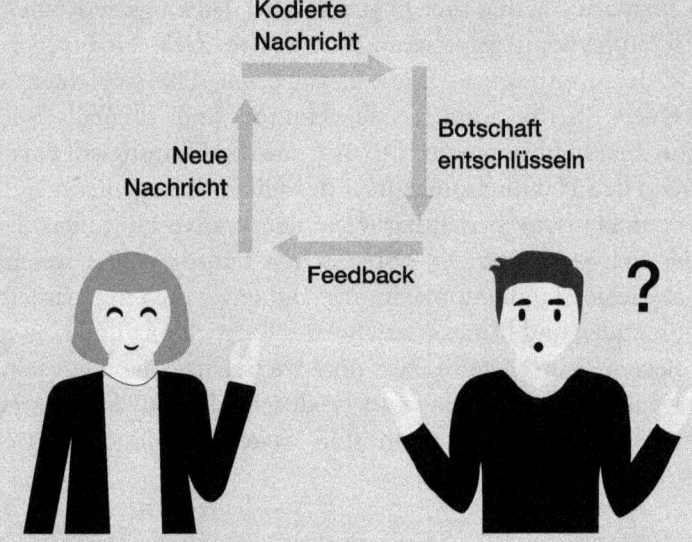

Das Sender- und Empfänger-Modell

Die Kommunikation wird jedoch prinzipiell dadurch erschwert, dass der Sender seine Worte zumindest teilweise verschlüsselt. Im Gegenzug muss der Empfänger, die Nachricht für sich entschlüsseln, um diese zu verstehen. Umgekehrt muss der Sender die Reaktion des Empfängers interpretieren, um diese richtig einzuschätzen.

Ein Wesensmerkmal des mitarbeiterorientierten Gesprächs (siehe Abb. *Aufbau einer mitarbeiterorientierten Gesprächsführung*) ist, dass der Gesprächsgegenstand gleichermaßen auf die Aufgaben als auch auf den Mitarbeiter ausgerichtet ist.

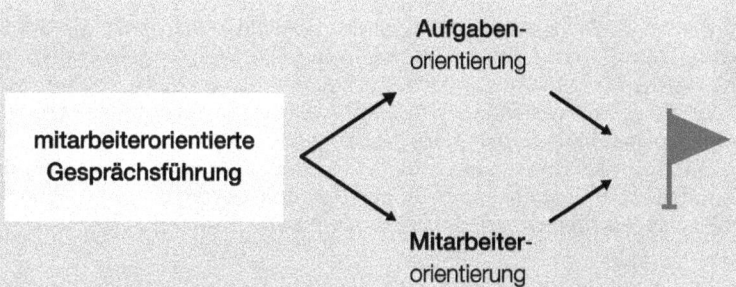

Aufbau einer mitarbeiterorientierten Gesprächsführung

Was bedeutet dies konkret für den Führenden?
In einem mitarbeiterorientierten Gespräch sollte sich die Führungspersönlichkeit bemühen, den Sachverhalt möglichst so zu fassen, dass sowohl der Gegenstand gut erfasst und gleichzeitig die Erwartungen und Gefühle des Mitarbeiters berücksichtigt werden. Häufig wird der Mitarbeiter aufmerksam zuhören, ob der Vorgesetzte sich zu seinen Leistungen oder Verhalten äußert und welches Verhalten von ihm erwünscht ist. Außerdem möchte er in der Regel nicht nur unterwiesen werden, sondern stattdessen Gelegenheit erhalten, das eigene Wissen und Können zu zeigen. Grundsätzlich gilt: Der Ton macht die Musik! Ein Führender sollte in mitarbeiterorientierten Gesprächen stets darauf achten, **was** er sagt und **wie** er es sagt.

Der Mitarbeiter ist kein Claqueur, dessen sich der Führende beliebig bedienen kann. Seine Sicht der Sachlage hat eine hohe Relevanz. Schon allein aus diesem Grund darf der Mitarbeiter erwarten, dass seine Ansichten in dem Gespräch angemessen berücksichtigt werden. Wie jeder Mensch möchte er in seinen Belangen ernst genommen werden. Schon allein aus diesem Grund sollte die Führungspersönlichkeit dem Mitarbeiter genügend Redezeit einräumen und sich möglichst weitgehend zurücknehmen.

Der Ausdruck von Wertschätzung ist in diesem Zusammenhang von zentraler Bedeutung. Eine Führungspersönlichkeit sollte niemals an Anerkennung sparen, wenn sich ein Mitarbeiter im Projekt und Unternehmen engagiert hat. Außerdem sollte die Führungspersönlichkeit jedes Gespräch als Chance schätzen, den jeweiligen Mitarbeiter besser kennenzulernen und die Beziehung zu diesem zu stärken. (Nähere Informationen zur Bedeutung von Wertschätzung finden Sie in Kap. 9).

Praxistipp aus der Steuerkanzlei Dr. Siegel:
Meine Kanzleileiterin und ich achten sehr stark darauf, dass unsere Mitarbeiter in jeder Situation „als Menschen" wahrgenommen werden. Wenn beispielsweise neue Mitarbeiter ins Team kommen, weiß ich aus den Bewerbungsgesprächen, welche Hobbys sie pflegen, welchen familiären

> Hintergrund sie besitzen oder wo sie beispielsweise zuletzt im Urlaub waren. Mich interessiert einfach sehr, wer meine Teammitglieder sind und mit welchen Fragen und Dingen sie sich außerhalb des Büros beschäftigen. Für dieses weitreichende Interesse erhalte ich sehr viel positives Feedback durch meine Mitarbeiter. Diese bestätigen mir, dass es ihnen sehr gut gefällt, nicht als eine bloße „Arbeitsmaschine", betrachtet zu werden, die Umsätze erzielt und den notwendigen Deckungsbeitrag generiert, sondern eben als Menschen wahrgenommen zu werden.

8.2.5 Weitere Führungsstile

Der charismatische Führungsstil
Die Bedeutung von Charisma wurde bereits im Kontext der Merkmale von *Leadership* kurz angesprochen. Der charismatische Führungsstil setzt Charisma jedoch nicht als motivierendes Element ein, sondern geht erheblich weiter: mithilfe seiner Ausstrahlkraft fordert der Führende seine Mitarbeiter auf, sich als Untergebene in seinen Dienst zu stellen. Aufgrund der einseitigen Machtverteilung ist diese Handlungsmaxime in der Nähe des autoritären oder patriarchalischen Führungsstils zu verorten und in der Praxis eher selten zu finden.

Der personenorientierte bzw. beziehungsorientierte Führungsstil
Im Rahmen dieser Handlungsmaxime sieht der Führende in seinen Mitarbeitern vornehmlich Partner, die ihm bei der Bewältigung der Aufgaben unterstützen. Er verhält sich ihnen gegenüber freundlich und offen und setzt sich für die Belange seiner Mitarbeiter ein. Im Gegensatz zum kooperativen, systemischen oder dialogischen Führungsstil beruht dieser Ansatz vornehmlich auf dem Wohlwollen und der Freundlichkeit des Führenden und weniger auf konkreten Strukturmaßnahmen, die den Mitarbeitern einen größeren Handlungsspielraum einräumen. Daher ist dieser Still ebenfalls in der Nähe des autoritären oder patriarchalischen Führungsstils einzuordnen.

Der situative Führungsstil
Der Führende variiert Elemente verschiedener Führungsstile und passt sich so den Anforderungen der jeweiligen Situation an. Diese Handlungsmaxime ist äußerst flexibel, kann aber für die Stakeholder wenig berechenbar erscheinen. Wird die Flexibilität jedoch zugunsten der Anspruchsgruppen genutzt, bietet dieser Stil ein großes Erfolgspotenzial. In der aktuellen Literatur wird diese Handlungsmaxime teilweise als Führungsstil der Zukunft betrachtet.

8.2.6 Welcher ist der richtige Führungsstil?

Zweifellos entscheiden der gewählte Führungsstil und die damit verbundene Unternehmenskultur über Erfolg und Misserfolg eines Unternehmens mit. Die Frage, welcher Führungsstil der richtige ist, lässt sich jedoch nicht pauschal beantworten, sondern hängt von der Branche und dem jeweiligen Aufgabenbereich des Unternehmens sowie den Bedürfnissen der jeweiligen Anspruchsgruppen ab. Folglich sollte die gewählte Handlungsmaxime darauf zielen, die verschiedenen Stakeholder möglichst zufrieden zu stellen.

In der Kommunikation mit den Anspruchsgruppen der Abnehmer und der allgemeinen Öffentlichkeit werden häufig Mischformen aus dem dialogischen, demokratischen und situativen Führungsstil eingesetzt, wobei diese Anspruchsgruppen nicht durch den Inhaber „geführt" werden. Das Hauptaugenmerk des Führungsstils liegt daher auf den Mitarbeitern. Hier werden Sie in modernen Unternehmen in der Regel starke Elemente des systemischen, demokratischen und dialogischen Stils finden, da diese am besten geeignet sind, die Mitarbeiter langfristig zu motivieren und die vorhandenen Potenziale optimal zu nutzen.

In Teil 3 dieses Buches erfahren Sie Näheres darüber, wie Sie Ihren Mitarbeiten ermöglichen, über sich hinauszuwachsen und wie Sie hochmotivierte *„High Performing Teams"* entstehen lassen und somit den Erfolg Ihres Unternehmens steigern.

8.3 Prinzipien des Selbstmanagements

Das Selbstmanagement basiert auf der persönlichen Vision des Führenden. Bevor dieser sich einer Optimierung seiner Selbstorganisation widmen kann, sollte er zunächst eine Vorstellung von den persönlichen Zielen in der Zukunft gewinnen. Diese Ziele sollten zudem in Einklang mit der Persönlichkeit, den Gewohnheiten und den Wertvorstellungen der Führungspersönlichkeit in Einklang stehen.

8.4 Pro-Aktivität als Schlüsselkompetenz

In fast jeder Stellenbeschreibung wird der Begriff „Pro-Aktivität" als gewünschtes Merkmal genannt. Für Gründer ist diese Fähigkeit nahezu unverzichtbar, denn ein Neu-Unternehmer muss sowohl für vielschichtige Eventualitäten vorausplanen als auch zielgerichtet handeln können. Dies mag wie eine Selbstverständlichkeit erscheinen, doch angesichts eines überquellenden Emaileingangs, einem übervollen Schreibtisch und einer kaum zu bewältigenden Aufgabenflut fallen viele Menschen in reaktive Muster. Pro-Aktivität mag einem leicht fallen, so lange die Verhältnisse stabil und die Anforderungen übersichtlich sind, doch gerade in stürmischen Zeiten wird Pro-Aktivität neben der Fähigkeit zu Priorisieren zur Überlebenskunst.

Der Begriff Pro-Aktivität hat einen tiefgreifenden Eingang in die Lehre des *Change Managements* gefunden, das um betriebsinterne Änderungen kreist. Zielgerichtetes und aktives Handeln erfordert zunächst eine entsprechende Planung und ein Vorausdenken. Pro-Aktivität darf niemals in Aktionismus ausarten und fußt im Kern auf einer Geisteshaltung, die sich nicht als „Blatt im Wind" der jeweiligen Umstände begreift, sondern diesen selbstbestimmt und gestaltend begegnet. Pro-Aktivität erfordert zudem eine entsprechende Kommunikation, die durch Positivität und den Glauben an die Machbarkeit geprägt ist. Negativ konnotierte Begriffe wie „geht nicht", „ich kann nicht", „Fehler", „Problem", „niemals" sollten daher weitgehend vermieden werden, wenn man andere für die zu bewältigenden Neuerungen gewinnen oder sogar begeistern möchte. Mit dieser Geisteshaltung wird ein Problem eher als Herausforderung und ein Fehler als Chance zum Umdenken bewertet.

Im Kern basiert Pro-Aktivität auf einer umfassenden Verantwortung für das eigene Handeln als Unternehmer (oder Privatmensch), denn man begreift sich eben nicht als ein „Opfer der Umstände", sondern gestaltet das eigene Vorgehen selbstbestimmt. Diese Fähigkeit mag ein Teil der Persönlichkeit sein, aber im Alltag auf jeden Fall durch ein aktives Umdenken gefördert und geschult werden. Weitere Merkmale der Pro-Aktivität sind ein aktives Konfliktmanagement, Kreativitätsförderung und eine offene Feedbackkultur.

8.5 Kernkompetenz Priorisierung

An einem Montagmorgen stapeln sich eine Vielzahl neuer Aufgaben auf Ihrem Schreibtisch, mehrere Mitarbeiter haben Fragen hinsichtlich einiger Projekte und schließlich macht eine Hiobsbotschaft ihre Runde: Ein wichtiger Lieferant steht ab sofort nicht mehr zur Verfügung. Wie gehen Sie vor?

Die Fähigkeit zu Priorisieren (siehe Abb. 8.1) ist eine unverzichtbare Schlüsselkompetenz für Führungspersönlichkeiten. Das wahre Talent zur

Abb. 8.1 Kernkompetenz: Priorisierung

	wichtig	unwichtig
eilig	Erledigen	Deligieren
nicht eilig	Terminieren	Ablegen

Abb. 8.2 Das Eisenhower-Prinzip

Priorisierung zeigt sich erst, wenn das Chaos tatsächlich ausbricht. In Zeiten der VUCA-Welt, Digitalisierung und ständiger Vernetzung nimmt der Bedarf für diese Fähigkeit beständig zu. Einen ersten Lösungsansatz finden Sie in dem bekannten Eisenhower-Prinzip (siehe Abb. 8.2), das mit der Unterteilung nach Wichtigkeit und Eiligkeit bestimmte Handlungen vorschlägt.

Für die Steigerung dieser Kompetenz wurden eine Vielzahl von weiteren Methoden wie beispielsweise die ABC-, ALPEN-, SMART- Methode entwickelt. Wer diesen Bereich vertiefen möchte, findet die verschiedenen Ansätze in der Fachliteratur zum Selbst- und Zeitmanagement.

> **Grundsätzlich beinhalten alle diese Vorgehensweisen die folgenden Schritte**
>
> **Sortierung der wichtigsten Aufgaben und Erstellen einer To-Do-Liste**
> In der Regel geht der Führende nach dem „Das Wichtigste zuerst"-Prinzip vor. Nachdem er die eiligsten Aufgaben identifiziert hat, können die übrigen Belange nach ihrer Dringlichkeit nummeriert werden.
> **Überprüfen der Priorisierung**
> Die Auswirkungen der Priorisierung können weitreichend sein. In diesen Fällen sollte die Bewertung noch einmal – eventuell nach dem Vier-Augen-Prinzip-überprüft werden. Auf diese Weise kann der Führende verhindern, dass wichtige Belange übersehen oder zu weit nach hinten gelegt werden, weil bestimmte Sachaspekte zum Zeitpunkt der Beurteilung nicht berücksichtigt werden konnten.

Erledigung der Aufgaben
Nachdem die Liste erstellt wurde, sollten die Aufgaben im nächsten Schritt nacheinander abgearbeitet werden. Hierbei ist es wichtig, dass die Dringlichkeits-Bewertung während des Vorgangs nicht verändert wird und die Aufgaben entsprechend der vorher festgelegten Reihenfolge bearbeitet werden.
Delegieren und Terminieren
Welche Aufgaben können problemlos auf einen späteren Zeitpunkt verschoben oder einem Ihrer Mitarbeiter übertragen werden? Umso mehr Aufgaben Sie an Ihr Team vertrauensvoll übergeben können und umso erfolgreicher Sie dieses zusammengestellt, motiviert und fortgebildet haben, desto besser sind Sie auf kurzfristige Herausforderungen vorbereitet.
Nachkontrolle der erledigten Aufgaben
Im Idealfall überprüft man nach Erledigung der Aufgaben nochmals, ob anschließende Maßnahmen notwendig sind und ob sich hierdurch etwas an der zuvor vorgenommenen Priorisierung ändert. Ein Abhaken der Aufgaben nach „Aus den Augen, aus dem Sinn"-Prinzip ist leider eine Quelle für Versäumnisse und Fehler, wenn Belange als abgeschlossen betrachtet werden, bevor sie es tatsächlich sind.

8.5.1 Priorisierung und Perfektionsdrang

Der Drang, die Dinge möglichst perfekt zu gestalten, ist mit einer effizienten Priorisierung häufig nicht vereinbar. In diesem Kontext wird gerne das „Pareto-beziehungsweise 80-20-Prinzip" zitiert. Dieses wurde nach Vilfredo Pareto (1848–1923) benannt, einem italienischen Ingenieur, Ökonom und Soziologen. Laut dieses Grundsatzes stehen Ursache und Wirkung häufig in einem deutlichen Missverhältnis. Pareto hatte entdeckt, dass 80 % des Einkommens in Italien von nur 20 % der Bevölkerung erwirtschaftet wurden. Diese 80:20-Regel ließ sich auf viele andere Bereiche übertragen, so dass gemäß des „Pareto-Prinzip" 20 % Zeiteinsatz in der Regel 80 % des Ergebnisses bewirken.

In der Umkehrung bedeutet dies, dass in den 20 % der Arbeitszeit eine extrem hohe Effektivität erreicht wird, während die übrigen 80 % der Zeit eingesetzt werden, um eine perfekte beziehungsweise 100&ige Lösung zu erhalten.

8.5.2 Priorisierung und Selbstreflektion

„Love it, leave it or change it" lautet ein weiteres bekanntes Diktum. Eine erfolgreiche Priorisierung ist nur möglich, wenn der Führende erfolgreich unterscheiden kann, wo es sich lohnt, Zeit, Kosten und Ressourcen zu investieren. Nur wenn der betreffende Belang in dem eigenen Wirkungsbereich liegt, kann er aktiv gestaltet und verändert werden. Der Führende muss daher genau abwägen, ob und welcher Aufwand sich lohnt oder ob man sich lieber mit der Situation abfindet oder diese endgültig aufgibt.

8.6 Erst verstehen, dann verstanden werden.

Die meisten Leute hören nicht zu, um zu verstehen, sie hören zu, um zu antworten. Entweder sie sprechen oder sie bereiten sich darauf vor zu sprechen. Sie filtern alles durch ihre eigenen Paradigmen, lesen ihre eigene Autobiografie im Leben anderer.
Stephen R. Covey, US-amerikanischer Autor (1932–2012)

Ebenfalls von Stephen R. Covey stammt der Grundsatz „Erst verstehen, dann verstanden werden". Eine erfolgreiche Kommunikation ist demnach erst möglich, wenn die tatsächliche Bereitschaft zum Zuhören vorhanden ist. Nach meiner Ansicht ist es eine der wichtigsten Fähigkeit für einen Vorgesetzten, sich auf andere einzulassen und wirklich zu versuchen das Gegenüber zu verstehen. Ist diese innere Bereitschaft nicht vorhanden, dann sind alle modernen Kommunikationsmethoden wie aktives Zuhören oder eine wertschätzende Gesprächsführung von Vorneherein zum Scheitern verurteilt. Nur wer seinem Gegenüber glaubhaft vermitteln kann, dass er an seinen Belangen interessiert ist, kann erfolgreich kommunizieren.

Diese innere Haltung, den anderen und seinen Standpunkt zunächst verstehen zu wollen, ist ein Ausdruck von Wertschätzung und Respekt. Nach Corveys Prinzip sollte man zunächst versuchen, den Standpunkt des anderen aus dessen Sicht vollständig zu verstehen, bevor man antwortet. Hierbei sollte man mit einbeziehen, dass die Sicht auf eine bestimmte

Sachlage sehr stark durch die persönlichen Erfahrungen, die aktuelle Gefühlslage sowie die Erwartungen des jeweiligen Gesprächspartners bestimmt sind und sich daher von der eigenen Sichtweise stark unterscheiden können.

8.7 Die Magie positiver Erwartung – wissenschaftlich bestätigt

Eine besonders wichtige interpersonelle Kompetenz einer Führungspersönlichkeit ist, dass diese ihr Vertrauen in die Mitarbeiter setzt. Mit dieser Zuversicht kann sie ihr Team zu höheren Leistungen beflügeln. Dieses psychologische Phänomen wird auch als „Pygmalion-Effekt" oder „Galatea-Effekt" bezeichnet. Anhand von Studien konnte belegt werden, dass sich die Erwartungen eines Vorgesetzten auf die Leistungen und Entwicklung eines Mitarbeiters auswirken können. Im Kern handelt es sich um eine Variante der so genannten „sich selbst erfüllenden Prophezeiung".

Erstmalig wurde der Effekt von den beiden Sozialpsychologen Robert Rosenthal[1] und Leonore Jacobsen im Rahmen eines Forschungsexperiments (Rosenthal und Jacobson 1971, S. 118 ff.) mit Grundschulkindern im Jahr 1965/66, beobachtet. Hierzu nahmen die Psychologen zunächst einen IQ-Test bei den Kindern vor. Im Rahmen des Tests behaupteten die Wissenschaftler fälschlicherweise, dass man bei dem Test ermittelt habe, bei etwa 20 % der Kinder, den sogenannten „Bloomers" („Aufblühern") würden in Kürze besonders gute Leistungen eintreten, da diese kurz vor einem Entwicklungssprung stehen.

In Wahrheit hatte man die „Bloomers" zufällig per Los ermittelt. Acht Monaten wiederholten die Psychologen den IQ-Test mit den Kindern. Das Ergebnis war erstaunlich: die als „Bloomers" bezeichneten Kinder zeigten tatsächlich eine deutlich größere Intelligenz-Steigerung als die Kontrollgruppe der (angeblichen) Nicht-„Bloomers". Rund 45 % der als

---

[1] Übrigens wurde dieser Versuch durch ein anderes Experiment von R. Rosenthal und K.L. Fode inspiriert, indem nachgewiesen wurde, dass die Erwartung von Versuchsleitern Einfluss auf den Ausgang des Experiments haben. Dieses vorausgegangene Laborexperiment wird als „Rosenthal-Effekt" oder „Versuchsleiter-Effekt" bezeichnet.

„Bloomers" ausgewählten Kinder konnten ihren IQ um 20 oder mehr Punkte steigern, weiteren 20 % gelang es, sich sogar um 30 % oder mehr Punkte zu verbessern. Diese Ergebnisse wurden in nachfolgenden Studien mehrfach bestätigt.

Das Vertrauen eines Vorgesetzten in einem Mitarbeiter steigert daher dessen Leistungsfähigkeit. Eine Führungspersönlichkeit kann von diesem Effekt profitieren, indem sie ihre Mitarbeiter bestärkt, dass sie die gestellten Aufgaben bewältigen können. Hierbei sollen die Mitarbeiter auf keinen Fall manipuliert werden, sondern es geht allein darum, diese positiv zu ermutigen, ihr Potenzial auszuschöpfen und hierdurch neue Leistungserfolge zu erfahren. Damit dieser Prozess für beide Seiten rundum positiv verläuft, ist es wesentlich, dass der Führende die potenzielle Leistungsfähigkeit des Mitarbeiters sehr gut einschätzen kann und diesen auf keinen Fall überfordert.

Zunächst sollte sich der Führende fragen, welche Ergebnisse und Eigenschaften er bei dem betreffenden Mitarbeiter verstärken und fördern möchte. Im nächsten Schritt sollte er dem Mitarbeiter diese Erwartungen erfolgreich kommunizieren, sodass dieser versteht, welche Ergebnisse und Verhalten von ihm gewünscht sind. Gelingt es dem Führenden dem Mitarbeiter zu vermitteln, dass er diesem die Aufgaben sehr wohl zutraut, kann sich dies bereits motivierend auf seine Leistung auswirken. Jede Art von Druck wirkt sich hingegen kontraproduktiv aus.

Zudem gib es auch den gegenteiligen Effekt: Der sogenannte „Golem-Effekt" beschreibt das Phänomen von sinkenden Leistungen auf ein unterdurchschnittliches Niveau, wenn der Führende zu niedrige Erwartungen an sein Team stellt. Kein Vertrauen, zu wenig Lob und Aufmerksamkeit des Führenden im Umgang mit dem Team bewirken, dass die Leistungskraft der Mitarbeiter sinken kann. In diesem Zusammenhang zeigt sich, wie wichtig die Fähigkeit des Führenden ist, die Bedürfnisse der Stakeholder zu erkennen, richtig zu interpretieren und entsprechend darauf zu reagieren.

Näheres zu weiteren Methoden zur Motivation der Mitarbeiter finden Sie in Kap. 10.

8 Schritt 3: Die interpersonelle Kompetenz – Inhaber/Gründer

Praxisbeispiel: die interpersonellen Kompetenzen des Inhabers

In meinen ersten Berufsjahren – ich war damals angestellter Wirtschaftsprüfungsassistent – durfte ich bei der Jahresabschlussprüfung eines Zulieferers in der Möbelindustrie mitwirken. Diese Berufsjahre waren sehr lehrreich, weil ich damals praktisch jede Woche in ein anderes Unternehmen, in eine andere Stadt und in eine andere Branche kam. Dieses Unternehmen befand sich in tiefster Schwarzwald-Provinz und wurde vom Eigentümer und seiner Frau als kaufmännische Leiterin förmlich regiert. Es waren die guten Jahre der Möbelindustrie (zu IKEA ging man damals noch nicht), so dass das Unternehmen hohe Gewinne erwirtschaftete. Entsprechend großzügig wurden an Inhaber und Frau Gehälter bezahlt, Ausschüttungen vorgenommen und Dienstwagen zur Schau gestellt. Besuchern des Unternehmens wurden durch entsprechende Bebilderung in der Chefetage vermittelt, dass die Familie über Grundbesitz am Gardasee und in der Toskana verfügte, eine stattliche Jacht ihr Eigen nannte und ausgedehnte Luxus-Kreuzfahrten nicht nur einmal jährlich zu unternehmen pflegte.

Dann kam doch die Zeit, zu der man zu IKEA ging. Die mittelständische Möbelindustrie sah sich mit großen Herausforderungen konfrontiert. Unternehmen in dieser Branche überlebten nur, wenn sie sich rasch den Marktanforderungen anpassten. Das hier beschriebene Unternehmen hat es nicht geschafft, diesen Herausforderungen zu begegnen. Wie man in der Presse verfolgen konnte, dauerte der Niedergang nur wenige Jahre. Die Veränderungen waren, wie man heute sagen würde, disruptiv. Es hat sich durch Immobilienverkäufe zwar noch ein paar Jahre über Wasser gehalten, ist aber letztlich vom Markt verschwunden, was für den betroffenen Arbeitsmarkt in dieser Schwarzwaldregion ein empfindlicher Schlag war.

Jahre nach der Schließung des Unternehmens hat eine deutsche Wochenzeitung das Leben dieser Unternehmerfamilie in einem ausführlichen Artikel beschrieben. Resümee des Autors war, dass die Familie ein „gestörtes Verhältnis" zu ihrem Unternehmen hatte. Für die Familie stand stets im Vordergrund, im guten Lichte der Öffentlichkeit zu stehen und das Unternehmen diente dazu als Geldlieferant. Im Laufe der Zeit sind die Inhaber immer satter und müder geworden – man ging davon aus, dass das immer so weitergeht. Als dann der Wind zu stark in ihr Gesicht blies, versuchte man durch Fremd-Geschäftsführer das Ruder herumzureißen. Da war es zum einen schon zu spät und zum anderen kann ein Fremd-Geschäftsführer nicht wettmachen, was das „mindset" des Inhabers innerbetrieblich auslöst.

> **Ergebnis:**
> Die Gründer und Inhaber als Stakeholder des Unternehmens sollten auch die zwischenmenschliche Beziehung zu diesem kultivieren. Nach meiner Erfahrung sind Gründungen wesentlich erfolgreicher, wenn die Inhaber einen korrekten und nachhaltigen Umgang zum eigenen Unternehmen haben. Dazu gehört auch, dass die Inhaber nicht nur davon geprägt sind, Geld aus dem Unternehmen zu ziehen, sondern darauf bedacht sind, jeder Stakeholder-Gruppe eine langfristige und erfolgreiche Beziehung zu diesem Unternehmen zu ermöglichen.

8.8 Zwischenfazit

Nach der „3 × 4 = Alles"-Methode sorgt die Führungskraft nicht nur für eine reibungslose Organisation der Wertschöpfungskette, sondern berücksichtigt zudem die Wünsche und Bedürfnisse der verschiedenen Anspruchsgruppen. Dieses setzt das Vorhandensein von interpersonellen Fähigkeiten voraus, um die jeweiligen Wünsche nicht nur erkennen zu können, sondern um diesen im täglichen zwischenmenschlichen Umgang auch entsprechend nachzukommen zu können. Die Entscheidung, wie die Führungspersönlichkeit mit diesen Anforderungen umgehen möchte, bestimmt ihren Führungsstil. Diese Handlungsmaxime sollte auf ihren inneren Überzeugungen und Wertvorstellungen basieren. Daher ist es für einen Führenden wesentlich, diese Vorstellungen zu überprüfen und mit den eigenen Wünschen abzugleichen. Erst wenn diese innere Selbstbefragung abgeschlossen ist, sollte sich der Führenden nach Stephen Covey der Selbstorganisation im technischen Sinn widmen.

Die Frage, welcher Führungsstil grundsätzlich der richtige ist, lässt sich nicht pauschal beantworten, sondern hängt von dem jeweiligen Aufgabenbereich des Unternehmens sowie den Bedürfnissen der jeweiligen Anspruchsgruppen ab. In der Kommunikation mit den Anspruchsgruppen der Abnehmer und der allgemeinen Öffentlichkeit werden häufig Mischformen aus dem dialogischen, kooperativen und situativen Führungsstil eingesetzt, wobei die Abnehmer und die Öffentlichkeit nicht durch den Inhaber „geführt" werden. Das Hauptaugenmerk des eigenen Führungsstils liegt daher auf den Mitarbeitern. Hier werden Sie in modernen Unternehmen in der Regel stark ausgeprägte Elemente des systemischen, demokratischen und dialogischen Stils finden, da diese am besten geeignet sind, die Mitarbeiter langfristig zu motivieren und die vorhandenen Potenziale zu optimieren.

Wichtige Elemente einer erfolgreichen Selbstorganisation sind Pro-Aktivität, die Fähigkeiten zu priorisieren und aktiv zuzuhören. Die innere Bereitschaft, den anderen verstehen zu wollen, ist eine zwingende Voraussetzung, um eine erfolgreiche Kommunikation herzustellen.

Pro-Aktivität ist als zielgerichtetes und aktives Handeln nach einer entsprechenden Planung und Vorausdenken zu verstehen und von jeder Form des (blinden) Aktivismus deutlich abzugrenzen. Eine Führungspersönlichkeit benötigt zudem hohe interpersonelle Kompetenzen, um den Mitarbeitern die richtigen Aufgaben anzuvertrauen und diese zu bestärken, dass sie den Herausforderungen gewachsen sind. Gelingt es dem Führenden, die Leistungsfähigkeit seines Teams richtig einzuschätzen, kann er durch sein Vertrauen die Leistungsfähigkeit seiner Mitarbeiter steigern. Spart er hingegen an Lob, Vertrauen und Aufmerksamkeit, kann er den so genannte „Golem-Effekt" auslösen, infolgedessen die Leistungsfähigkeit des Teams insgesamt sinkt. Zusätzlich sollte der Gründer wirklich führen wollen, so dass die Unternehmensleitung niemals zu einem reinen Mittel zum Zweck gerät.

Teil III

Stakeholder-Gruppe: Bezugsquellen (Mitarbeiter, Freelancer, Lieferanten)

9

Schritt 4: Die fachliche Kompetenz – Bezugsquellen

Ihr neues Unternehmen existiert nicht im freien Raum, sondern ist mit den verschiedenen Anspruchsgruppen eng verflochten. Teil III dieses Buches setzt sich mit dem Stakeholder- Management der Mitarbeiter, Freelancer und Lieferanten auseinander und untersucht diese unter dem Aspekt der drei Kernkompetenzen.

Das vorliegende Kapitel behandelt das Stakeholder-Management der Bezugsquellen in Hinblick auf die fachliche Kompetenz. In der Regel bringen die Mitarbeiter bereits ein hohes Maß an fachlicher Kompetenz aus ihrem Studium, Ausbildung oder bisherigen Arbeitsverhältnisse mit. Doch in diesem Kontext zeigen sich zwei große Problembereiche:

1. Wie bereits zuvor erwähnt, verliert das Wissen aus Ausbildung und Beruf heute immer schneller an Anwendbarkeit und Bedeutung, so

dass ständige Fort- und Weiterbildungen in vielen Unternehmen notwendig werden, damit die Mitarbeiter für alle aktuellen Anforderungen des Arbeitsalltags gerüstet sind.
2. Die fachliche Kompetenz der Mitarbeiter wird in der Regel nur dann voll ausgeschöpft, wenn sie sich in einer motivierenden und wertschätzenden Arbeitsumgebung befinden. Ist dies nicht der Fall, wird häufig nur noch Dienst nach Vorschrift geleistet. Gerade junge Unternehmen sind auf das Engagement und die Überzeugungskraft ihres Teams angewiesen, um sich auf dem Markt erfolgreich positionieren zu können.

Dieses Kapitel beleuchtet die Notwendigkeit der richtigen Personalauswahl und laufender Fort- und Weiterbildung- Angebote sowie die Bedeutung von Wertschätzung, Kommunikation und Motivation im Arbeitsalltag.

9.1 Die fachliche Kompetenz und die Bedeutung von Fort- und Weiterbildung

Angesichts einer immer kürzeren Halbwertzeit des Wissens obliegt es Mitarbeitern und Führenden gleichermaßen, diese wachsende Lücke durch entsprechende Fort- und Weiterbildungen auszugleichen. Wer als Unternehmer einen hohen fachlichen Standard seiner Mitarbeiter erhalten möchte, sollte die möglichen Wissenslücken zunächst aufmerksam identifizieren und durch ein Angebot an Fort- und Weiterbildungen systematisch schließen. Stellt der Führende bei einem einzelnen Mitarbeiter eine Wissenslücke fest, kann er in einem Coaching- und Motivationsgespräch mit diesem konkret eine Zielvereinbarung treffen, wie und bis wann er diese zu schließen hat.

Eine solche systematische Fort- und Weiterbildung ist jedoch nur dann möglich, wenn bei den Mitarbeitern eine grundsätzliche Lernbereitschaft vorhanden ist und diese allgemein offen für Neuerungen und Veränderungen sind.

9.2 Die richtige Personenauswahl

Wer möchte nicht ein High-Performance- Team für sein Unternehmen, engagierte Mitarbeiter, die sich für das Unternehmen einsetzen und gerne zur Arbeit kommen? Ob ein Team zusammenwachsen kann, wird häufig jedoch weitgehend bereits bei der Personalauswahl entschieden. Leider werden Personalentscheidungen in der Regel vornehmlich auf der Basis der fachlichen Eignung getroffen, obwohl gerade diese häufig ähnlich ausfällt und diese Unterschiede rasch ausgeglichen werden könnten. Außerdem spielen die „unsichtbaren Faktoren" wie das Aussehen und ein selbstsicheres Auftreten eine große Rolle, wobei Soft Skills wie Teamfähigkeit, Empathie und Kommunikationsfähigkeiten schnell in den Hintergrund geraten. Wer sich aber „Platzhirsche", „Blender" oder „Schleimer" ins Team holt, muss sich nicht wundern, wenn der Teamgeist später auf der Strecke bleibt. Dies bedeutet, dass die Empathie-, Team- und Kommunikationsfähigkeit sowie der Kommunikationswille ein entscheidendes Kriterium bei der Auswahl neuer Teammitglieder sein sollte und im Bewerbungsgespräch entsprechend abgefragt und überprüft werden sollte.

9.3 Wertschätzung, Motivation und Kommunikation

Wer von seinen Mitarbeitern tolle fachliche Leistungen erwartet, muss das Umfeld des Arbeitsplatzes und das Betriebsklima entsprechend gestalten. Außerdem darf der Führende sein Team weder unter- noch überfordern. Um motivieren zu können, muss das Unternehmen als Organisation und der Mitarbeiter als Individuum in Einklang gebracht werden. Damit dies gelingt und sich ein langfristiger Motivationseffekt einstellt, müssen jedoch einige Grundfaktoren gewährleistet sein. Als Führender können Sie anhand einiger gezielter Maßnahmen die Leistungsbereitschaft des Teams erhöhen und das Betriebsklima verbessern. Besonders wichtig sind hierbei die verschiedenen Ausprägungen der Wertschätzung im Umgang mit den Mitarbeitern, die in diesem Kapitel ebenfalls ausführlich behandelt werden.

9.3.1 Sinnhaftigkeit der Aufgaben

„Ich mache eigentlich den ganzen Tag nichts Sinnvolles." Geht ein Mitarbeiter abends mit diesem Gefühl nach Hause, liegt ein wahrer Motivationskiller vor. Wertvolles zu tun, ist ein allgemein menschliches Bedürfnis, denn niemand verschwendet gerne seine Zeit – auch dann nicht, wenn er dafür bezahlt wird. Es ist eine der wesentlichen Pflichten des Führenden, dem Mitarbeiter die Bedeutung seiner Tätigkeiten zu vermitteln. Dies gilt gleichermaßen für unliebsame Neben-, Dienstleistungen, Umstrukturierungen oder andere Neuerungen. Nur wenn der Mitarbeiter die Nützlich- und Wichtigkeit ihrer Aufgaben vollständig nachvollziehen kann, wird er diese mit ganzem Herzen mittragen. Als Führender sollte man daher aufmerksam zu hören, falls im Team Unverständnis für bestimmte Vorgehensweisen bestehen und sich entsprechend Zeit nehmen, um die Bedenken auszuräumen. Ist dies nicht möglich, sollte die Führungskraft Verbesserungsvorschläge der „betroffenen" Kollegen anregen.

9.3.2 Teamorientierung

Ob sich in Ihrem Unternehmen ein Team zusammenfindet, hängt im hohen Maß von dem Führungsstil des Vorgesetzten ab. Sorgt dieser beispielsweise dafür, dass alle Mitarbeiter die erforderliche Unterstützung erhalten? Wie geht er damit um, wenn ein Mitarbeiter überfordert ist?

Der teamorientierte Führungsstil oder demokratische Führungsstil setzt die Leistung des Teams in das Zentrum der eigenen Führungsstrategie. Dieser Stil basiert auf bestimmten Grundwerten. Hierzu gehört, dass die Zusammenarbeit im Vordergrund steht, bei der man sich bei Problemen gegenseitig unterstützt und sich nicht gegeneinander auszuspielen versucht. Diese Teamorientierung stellt nicht nur hohe Anforderungen an die Mitarbeiter, sondern auch an den Führenden. Dieser muss gerecht handeln, er darf niemanden bevorzugen und teamschädliches Verhalten nicht dulden oder gar begünstigen. Zudem sollte er stark darauf achten, dass die Arbeit nicht Einzelne überlastet, sondern eben in einer Team-Leistung bewältigt wird, so dass eventuelle Frustrationen möglichst wenig Raum erhalten.

Wichtige Merkmale dieses Führungsstils sind gegenseitige Wertschätzung (siehe nachfolgende Abschnitte) und eine gegenseitige, positive und konstruktive Feedbackkultur. Die Teamorientierung eines Unternehmens kann ein starker Motor für die Motivation der Mitarbeiter sein, da das „Einer für alle, alle für einen!"-Prinzip geeignet ist, die Leistungsbereitschaft der Mitarbeiter stark zu beflügeln. Brennt das eigene Team für das Unternehmen, ist der Erfolg häufig kaum noch aufzuhalten.

Nach meiner eigenen Erfahrung ist jedoch eine Kombination einer starken Teamorientierung und der Berücksichtigung persönlicher Einzelleistungen am besten geeignet, um die Mitarbeiter dauerhaft zu motivieren.

9.3.3 Eigenständige Entscheidungsbefugnis

Wer sich Fachexperten als Mitarbeiter wünscht, sollte sein Team auch entsprechend behandeln und den Mitarbeitern eigene Entscheidungsbefugnisse einräumen. Muss das Personal jedoch ständig auf Anweisung von oben warten, verhindert dies nicht nur schnelle Umsetzungszyklen, sondern ist zudem ein Ausdruck von mangelndem Vertrauen. Diese fehlende Wertschätzung führt häufig zu einem entsprechenden Motivations-und Vertrauensverlust auf Seiten der Mitarbeiter, der wiederum verminderte fachliche Leistungen bewirkt.

9.4 Wertschätzung als Schlüsselfähigkeit

Längst hat die Management-Theorie erkannt, dass ein wertschätzender Umgang eine wichtige Säule in der Mitarbeitermotivation ist. Dennoch scheinen viele Unternehmen noch immer nicht das große Potenzial der Wertschätzung entdeckt zu haben. Die Studie „Erfolgsfaktor Wertschätzung" aus dem Jahr 2016 einer Münchner Personalberatungsfirma ergab, dass in „nur in 54 % der Unternehmen in Deutschland ein wertschätzender Umgang gepflegt wird. In mehr als jedem zehnten Unternehmen kann das tägliche Miteinander nur noch als ausreichend oder sogar mangelhaft bewertet werden" (Mummert 2016). Im Zuge der Studie hatte man 100 HR-Führungskräfte aus mittelständischen Unternehmen befragt.

Die Gründe sind vielfältig, warum es mit der Wertschätzung im Arbeitsalltag hapert. Manchmal liegt die mangelnde Wertschätzung in der Persönlichkeit der Führenden begründet, die ihre Prioritäten häufig eher auf die Leistungserfüllung und weniger auf eine allgemein menschliche Anerkennung richten. Ob der Ausdruck von Wertschätzung von den Mitarbeitern als glaubwürdig und motivierend empfunden wird, basiert im Kern auf der Beziehung zwischen dem Führenden und seinen Mitarbeitern. Beziehungen – egal ob privater oder beruflicher Natur -muss man sich jedoch in der Regel „widmen" und können nicht nur mit wenig Aufwand abgetan werden. Wer also glaubt, es wäre eine gute Idee, den „Mitarbeiter des Monats" auszurufen und diesen mit einem Gutschein oder gar einer Anerkennungs-Plakette zu belohnen, wird vermutlich eher allgemeine Belustigung als Motivation auszulösen.

Damit Wertschätzung sich wirklich motivierend auswirkt, muss diese authentisch und glaubwürdig zum Ausdruck gebracht werden.

> **Exkurs: Warum ist Wertschätzung so wichtig?**
> Wir alle möchten wertgeschätzt werden und zwar gleichermaßen im Privat- wie auch im Arbeitsleben. Die Wertschätzung anderer ist für viele Menschen eng mit dem eigenen Selbstwertgefühl verknüpft. Dies bedeutet: fehlt die Wertschätzung im täglichen Miteinander, leidet das Selbstwertgefühl. Wird das schlechte Selbstwertgefühl chronisch, kann es eine ganze Reihe von Folgeerkrankungen bis hin zu einer schweren Depression auslösen.
> Wir alle möchten für unsere Leistungen und in unserer Persönlichkeit gesehen werden. Hierbei ist Wertschätzung jedoch nicht mit Lob zu verwechseln. Wertschätzung basiert auf einer humanistischen **Geisteshaltung**, die sich vornehmlich nach dem gesamten Menschen und nicht nach seinem Nutzen oder seinen Leistungen richtet. Wertschätzung ist von Respekt und Wohlwollen gegenüber anderen Menschen geprägt und äußert sich in Freundlichkeit, Interesse an dem Gegenüber, Aufmerksamkeit und Zugewandtheit.
> Hier zeigt sich, dass die tiefere Bedeutung von Wertschätzung entsprechend hohe Anforderungen an Führungskräfte stellt. Sie kreist eben nicht um ein Belohnungssystem, sondern resultiert aus einer inneren Einstellung.

Wertschätzung richtet sich nicht auf den Funktionswert eines Mitarbeiters, sondern nach seiner individuellen Persönlichkeit.

Wer einen wertschätzenden Umgang mit den Mitarbeitern in seinem Unternehmen umsetzen kann, darf mit einer höheren Zufriedenheit und Identifikation mit dem Unternehmen, gesteigerter Produktivität, weniger Fehlzeiten und einer stärkeren Bindung an das Unternehmen rechnen. Nach der oben genannten Studie fühlten sich über 90 % der Mitarbeiter ein Jahr nach ihrer Einstellung in dem Unternehmen wohl, wenn dort ein wertschätzendes Betriebsklima herrschte. War dieser Faktor in einem Unternehmen nicht gegeben, dann wurde nur eine Zufriedenheitsquote von etwa 75 % erreicht.

Wer aber glaubt, Wertschätzung sei die Universallösung, liegt dennoch falsch. Auch ein wertschätzender Umgang macht ein faires Vergütungssystem und leistungsbezogene Gehälter keinesfalls obsolet.

Wertschätzung im Arbeitsalltag

Als Führender beginnt Wertschätzung zunächst mit der Überprüfung der inneren Einstellung gegenüber anderen Menschen. Wer sich seiner Haltung nicht vollständig bewusst ist, kann – falls gewünscht – die Unterstützung eines externen Anbieters in Anspruch nehmen.

Darüber hinaus muss Wertschätzung einen Ausdruck finden und darf nicht nur innerlich bleiben. Nach meiner Erfahrung glauben Führende häufig, dass sich ihre Mitarbeiter schon dann wertgeschätzt fühlen, wenn sie keine Kritik äußern. Dies ist ein tiefgreifender Irrtum: durch die Abwesenheit von Missbilligung fühlt sich der Mitarbeiter weder wertgeschätzt, noch wird er hierdurch motiviert. Wie genau Wertschätzung sich äußert, hängt im Einzelfall von dem Maß der Vertrautheit mit dem jeweiligen Mitarbeiter und von dessen Persönlichkeit ab.

Der Ausdruck von Wertschätzung beinhaltet jedoch neben einem respektvollen Gesprächston einige der typischen Grundvorrausetzungen, die in dem nachfolgenden Abschnitt erläutert werden.

Verschiedene Ausdrucksformen der Wertschätzung

Wertschätzung kann vielerlei Gestaltungsformen annehmen. Positive oder gar lobende Worte sind sicher die gebräuchlichste Form, um eine positive und konkrete Beobachtung gegenüber dem Mitarbeiter zu äußern. Darüber hinaus zeigt sich die Wertschätzung des Führenden in vielen anderen Formen: indem sich dieser Zeit für den Mitarbeiter nimmt und einen respektvollen Umgang mit seinen Mitarbeitern pflegt. Wer als Chef wenig Zeit hat und den Mitarbeitern gegenüber nur wenig Priorität einräumt, wird auf diese Weise kaum ein belastbares Verhältnis aufbauen können.

Erkennt die Führungspersönlichkeit regelmäßig die Bedürfnisse der Mitarbeiter und berücksichtigt diese soweit wie möglich, ist dies als starker Ausdruck von Wertschätzung zu betrachten. Letztendlich sprechen Taten immer mehr als Worte. Hierbei sind nicht immer alle Belange finanzieller Natur, sondern es geht häufig um vermeintliche Kleinigkeiten wie

Raumtemperatur, Gestaltung der Arbeitsplätze oder ein eventuelles Ruhebedürfnis bei der Arbeit.

Als Führender sollte man stets bedenken, dass die gute oder gar hervorragende Erledigung von Aufgaben keine Selbstverständlichkeit ist. Daher ist ein gelegentlicher Ausdruck von Dank ein förderliches Mittel, um die eigene Wertschätzung zum Ausdruck zu bringen. Ermutigen Sie Ihr Team sich ebenfalls mit Dankbarkeit zu begegnen, um den Aufwand der gegenseitigen erbrachten Arbeitsleistung entsprechend zu würdigen.

Fehlt es hingegen dem Unternehmen an Wertschätzung für die Belegschaft, kann dies fatale Folgen haben, wie das nachfolgende Praxisbeispiel nachdrücklich belegt.

Praxisbeispiel: Die fachlichen Kompetenzen der Bezugsquellen

Vor vier Jahren hat meine Kanzlei das Mandat für ein großes Gaststätten-Unternehmen übernommen. Ein Team von zwei Unternehmern hat einen Pachtvertrag für ein Hotel mit Gaststätte und großen Biergarten in unserer Landeshauptstadt München übernommen. Da der Vorpächter den Betrieb „heruntergewirtschaftet" hat, war keinesfalls gewiss, ob das Gründer-Duo Erfolg haben wird.

Die beiden Gründer hatten in den ersten Jahren viel Erfolg. Zum einen hat das Wetter mit dem Biergarten mitgespielt. An vielen Wochenenden – ich konnte mich selbst überzeugen – herrschte unter den Kastanienbäumen Ausnahmezustand. Aber auch das Hotel lief gut. In einem angrenzenden Gewerbegebiet hat sich ein großes amerikanisches Unternehmen niedergelassen, welches einen großen Teil der Übernachtungskontingente im Voraus gebucht hat.

Um die fixen Kosten möglichst gering zu halten, haben die Gründer anfangs fast ausschließlich mit Aushilfskräften bzw. kurzfristig Beschäftigten gearbeitet. Diese wurden je nach Bedarf eingesetzt und zeitnah, meist am selben Abend des Arbeitstages, bar entlohnt. Wir als Steuerkanzlei haben die Lohndaten oft sehr verspätet und zudem lückenhaft erhalten. Dies führte nicht nur zu erheblichen Differenzen in der Kassenführung, sondern auch zu Auseinandersetzungen mit dem Personal, dessen Gehalt oft nicht richtig abgerechnet wurde. Es war teilweise abenteuerlich, was sich die Sachbearbeiterin in der Kanzlei da anhören musste.

Wie wir heute wissen, hat einer der unzufriedenen Mitarbeiter – ihm wurde gekündigt, weil er es mit der Ehrlichkeit nicht so genau nahm – die Unternehmer beim Zoll angezeigt. Daraufhin ist der Zoll unangemeldet an einem wunderschönen Biergarten-Samstag angerückt und hat alle Mitarbeiter hinsichtlich Sofortmeldung bei der Sozialversicherung und Mindestlohn überprüft. Da keine belastbaren Aufzeichnungen vorgelegt werden konnten und die Grundprinzipien der Meldepflichten nicht beachtet wurden, kam es zu einer hohen Nachzahlung von Sozialversicherungsbeiträgen und zusätzlich zu einer hohen Geldstrafe. Eine sich anschließende Lohnsteuerprüfung hat die restlichen Reserven des Betriebs aufgezehrt. Die sich daran anschließende Betriebsprüfung hat die Buchhaltung des Betriebs ab Gründung wegen der mangelhaften Kassenführung verworfen. Die daraus resultierenden Zahlungsaufforderungen für Umsatzsteuer, Gewerbesteuer und Körperschaftsteuer konnten die Unternehmer nicht mehr leisten, sie mussten Insolvenz anmelden. Die Gründer haben eigentlich alles richtig gemacht: Sie hatten eine gute Geschäftsidee, waren mutig und haben diese sehr gut umgesetzt, nur die prozessuale Beziehung zu ihren Mitarbeitern wurde ihnen zum Verhängnis.

Tatsächlich kam einige Zeit später der „Whistleblower" zu mir in die Kanzlei, weil er sich wegen einer bevorstehenden Selbstständigkeit beraten lassen wollte – ich habe das Mandat abgelehnt.

Ergebnis:

Gründer wie Unternehmer sollten darauf achten, dass die Beziehung zum Personal professionell ist. Die Prozesse in der Zusammenarbeit mit den Mitarbeitern müssen identifiziert und klar definiert werden. Sehr wichtig ist in diesem Zusammenhang die Agilität. Gerade in der Gründungs- und Nachgründungsphase sind die Prozesse permanent zu überprüfen und anzupassen. Hier bedeutet Stillstand immer Rückschritt.

9.5 Zwischenfazit

Die fachliche Kompetenz wird in der Regel bereits während des Studiums, der Ausbildung oder in vorherigen Arbeitsverhältnissen erworben und liegt bei Arbeitsantritt somit bereits vor. Allerdings besitzt akademisches Wissen heute immer geringer werdende Halbwertzeiten, so dass fortwährende Fort- und Weiterbildungen in vielen Unternehmen notwendig werden. Die fachliche Kompetenz der Mitarbeiter wird zudem in der Regel nur dann voll ausgeschöpft, wenn er sich in einer motivierenden Arbeitsumgebung befindet. Die richtige Personalauswahl, sinnhafte Aufgaben, eine konsequente Teamorientierung sowie ein dauerhaft wertschätzender Umgang im Arbeitsalltag bilden die wesentlichen Säulen für eine gute fachliche Arbeit des Teams.

10

Schritt 5: Die prozessuale Kompetenz – Bezugsquellen

Erfolg hat viele Väter, Versagen keinen.
Philip Caldwell (1920)

Gerade bei Gründung eines Unternehmens sollte man die innerbetrieblichen Prozesse von Anfang im Blick haben. Dieses Kapitel behandelt das Stakeholder-Management der Mitarbeiter, freien Beschäftigten und Lieferanten in prozessualer Hinsicht. Die Optimierung von unternehmensinternen Prozessen stellt für fast alle Unternehmen eine Herausforderung dar. Optimierungsstrategien auf diesem Gebiet hängen im hohen Maß von einer konsequenten Organisation, Kommunikation und Schulung durch den Führenden ab. Ein gutes Konfliktmanagement ermöglicht eine bessere Bewältigung interner Probleme und hilft Streitigkeiten zwischen Abteilungen oder Personen zu schlichten. Ein angenehmes Arbeitsklima trägt zur Zufriedenheit der Mitarbeiter bei und steigert das Arbeitspensum und die Präzision der Prozesse. Ein effizientes Zeitmanagement kann dem Unternehmen viel Geld einsparen, ist meiner Ansicht jedoch nur dann möglich, wenn der Führende sein Team nachhaltig motiviert. Zuletzt geht dieses Kapitel der Frage nach der Notwendigkeit von Kontrolle nach und schlüsselt die verschiedenen Aspekte dieses diffizilen Themas auf.

10.1 Prozessoptimierung für Gründungen – ein leidiges Thema?

Viele Unternehmen ergreifen nur ungern Maßnahmen zur Prozessoptimierung. Doch wer heute den Erfolg seines Unternehmens effizient steigern möchte, kommt um den Schritt der Prozessoptimierung kaum herum. Aufgrund der Herausforderungen der VUCA-Welt können sich heutige Unternehmen immer weniger Ineffizienzen leisten. Wer seine Effizienz demnach steigern möchte, sollte den Fokus schon zu Beginn auf die Organisation des Unternehmens richten.

Angesichts dieser Herausforderungen ist es ratsam, optimale Arbeits- und Prozessbedingungen innerhalb des Unternehmens zu schaffen. Schließlich bilden unzureichende Organisationsstrukturen einen der Hauptgründe für das Auftreten systematischer Fehler und mögliche Einbußen in der Produktqualität. In manchen Unternehmen herrscht im Arbeitsalltag zudem ein isoliertes Abteilungs- oder Gruppendenken, das eine erfolgreiche Zusammenarbeit zusätzlich erschwert. Um Schwachstellen in den Abläufen und Schnittstellen zu eliminieren, müssen die Abläufe jedoch zunächst eindeutig definiert werden.

Im Rahmen dieses Festlegungsvorgangs kommen Standards, Normen und Vorgaben sowie deren Einhaltung im betrieblichen Alltag eine zentrale Rolle zu. Hierbei sollte ein besonderes Augenmerk auf die zahlreichen Schnittstellen gelegt werden, so dass ein unterbrechungsfreier Prozessablauf ermöglicht wird. Alle Aufgaben und Verantwortlichkeiten müssen den betreffenden Personen eindeutig zugeordnet werden. Anschließend wird die Zuweisung betriebsintern veröffentlicht und in den Arbeitsalltag implementiert.

Wer eine langfristige Einhaltung der Prozesse erreichen möchte, sollte die Mitarbeiter zusätzlich systematisch schulen. Diese Systematisierung kann jedoch nur dann mit Erfolg gekrönt sein, wenn sie eine hohe Transparenz enthält: in Form einer verbindlichen Standardisierung, Rückverfolgbarkeit und Nachvollziehbarkeit aller Schritte der realen Wertschöpfungskette.

Gerade im Hinblick auf die Prozesse gibt es in vielen Unternehmen noch Handlungsbedarf, doch der Aufwand lohnt sich. Die Prozessoptimierung verbessert das Verständnis der Mitarbeiter über die Aufgaben sowie deren Zusammenhänge, Verantwortlichkeiten und Folgen. Unliebsame informelle Netzwerke wie beispielsweise der berühmte „Flurfunk" werden hierdurch überflüssig.

10.2 Schritt 1: Prozessdefinition

Nachdem der Entschluss gefallen ist, die Prozessoptimierung vorzunehmen oder von Anfang an prozessoptimiert zu starten, stellt sich die Frage, welche Methodik am besten geeignet ist, um die Definitionen und Festlegungen zu kommunizieren und zu archivieren. Klassische Handbücher und Verfahrensanweisungen bieten in der Regel wenig Anreiz und finden daher bei Mitarbeitern nur selten Anklang. Außerdem veralten sie schnell, sind häufig nicht genügend aussagekräftig oder werden als zu wortreich empfunden.

Im Vergleich hierzu bieten Prozessbeschreibungen beziehungsweise *Standard Operating Procedures* (SOPs) viele Vorteile. Diese standardisierten Regeln und Verfahren vereinfachen die Beherrschung komplizierter, organisatorischer Systeme, indem sie festlegen, wer was, wann, wie und womit auszuführen hat. Ihre besondere Stärke liegt darin, dass sie mittels Visualisierung (z. B. Flow-Charts, siehe Abb. 10.1) höchst komplexe Organisationsstrukturen transparent darstellen können, so dass diese für die Mitarbeiter intuitiv erfassbar werden.

Der Mitarbeiter erkennt anhand der SOP nicht nur seine eigene Position, er gewinnt darüber hinaus einen Überblick über den gesamten Ablauf der Wertschöpfungskette. Durch ihren klaren Anweisungscharakter unterstützen SOPs die Beherrschung und Steuerung der betrieblichen Abläufe und schaffen mehr Prozesssicherheit.

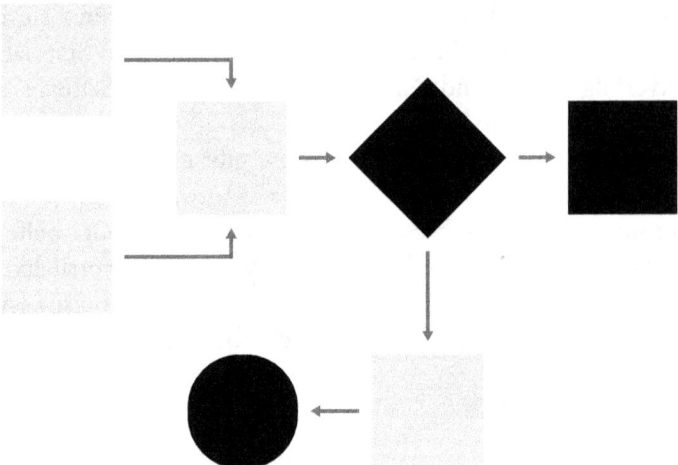

Abb. 10.1 Beispiel für ein Flow-Chart

SOPs sollten jedoch nur unter Einbindung der betroffenen Mitarbeiter erstellt werden, da nur so die individuellen Bedürfnisse oder die Wünsche bestimmter Abteilungen berücksichtigt können. Idealer Weise arbeiten die Mitarbeiter die SOPSs selbst aus und lernen so, ihre Kernaktivitäten zu analysieren, Schwachstellen zu identifizieren, Verbesserungen anzustoßen sowie Rollen und Verantwortlichkeiten festzulegen. Die aktive Einbeziehung der betroffenen Mitarbeiter schafft zudem Akzeptanz für die Prozessoptimierung und Neuregelung.

Je komplexer und anspruchsvoller die Wertschöpfungskette eines Unternehmens oder je stärker die Arbeitsteiligkeit der Wertschöpfung ausgeprägt ist, desto mehr lohnt es sich den Aufwand zu investieren, ein Prozesssteuerungs-Instrument zu erstellen, das die Prozesse *und* die Betriebsstruktur ganzheitlich abbildet.

Im Rahmen der SOP-Erstellung sollte zunächst eine sinnvolle Reihenfolge für ein gemeinsames Handeln innerhalb der Wertschöpfungskette ermittelt werden. Im nächsten Schritt werden für jedes Team-Mitglied die Aufgaben klar definiert und auch die gewünschten Kommunikationsstrukturen festgelegt. Auf diese Weise können die Beteiligten Abweichungen vom Normverhalten, mögliche

Redundanzen, Schnittstellenverluste, Stille-Post-Effekte, Arbeitsfehler und damit verbundene Qualitätslücken rasch identifizieren und eliminieren und somit einen wichtigen Beitrag zur Kostenreduzierung leisten.

Kontraproduktiv wäre es, wenn jede Abteilung ihre eigene SOP erarbeitet, aber kein integrierten Prozessmanagementsystem geschaffen wird, das den gesamten Ablauf mit allen Schnittstellen abbildet. Eine solche Vorgehensweise würde mehr Verwirrung stiften als beseitigen. Zudem ist nur ein einfaches, verständliches und mühelos bedienbares Prozessmanagementtool geeignet, die allgemeine Akzeptanz bei den Mitarbeitern zu gewinnen. Ist das Prozessmanagementtool gelungen ausgestaltet, verringert es die notwendigen Absprachen im Vorfeld der Tätigkeiten und ermöglichen eine rasche Teambildung – auch mit bisher unbekannten Interaktionspartnern. Außerdem kommt der Führenden mithilfe der SOPs seiner gesetzlichen Organisations- und Aufsichtspflicht nach und erschafft somit die Grundlage für eine juristische Enthaftung.

Abschließend lässt sich feststellen, dass die Anforderungen an die SOPs hoch sind. Um diese wichtigen Ziele zu erreichen, kann jedoch auf zahlreiche IT-Applikationen zugegriffen werden, die spezifisch auf die Bedürfnisse von Prozessmanagementsystemen ausgerichtet sind. Diese Programme ermöglichen es, komplexe Abläufe sowie den gesamten Betriebsablauf einschließlich aller angrenzenden, über- und untergeordneten Prozesse entlang der Wertschöpfungskette weitestgehend unterbrechungsfrei abzubilden und nachvollziehbar darzustellen. Nach der Fertigstellung kann sich der Mitarbeiter am Rechner Schritt für Schritt durch die einzelnen Prozessschritte „klicken" und auf diese Weise anwenderfreundlich lernen. Ein elektronisches (oder papierbasierendes) QM-Handbuch[1] kann ebenfalls das Ergebnis der Prozessdefinition sein.

---

[1] Als Bestandteil der ISO 9001 bei der Einführung eines QM-Systems, hat das QM-Handbuch zwei Ziele: 1. Bildet das Handbuch die wesentlichen Prozesse in einem Unternehmen ab, zeigt Schnittstellen und Wechselbeziehungen auf. 2. Ermöglicht das Handbuch einen strukturierten Überblick über die Prozesse (Grosser o.J.).

10.3 Umsetzung einer Prozessorientierung: Mitarbeiterqualifikation

Auch die beste visuelle Umsetzung der Prozessabläufe ist noch kein Erfolgsgarant für eine leistungsfähige Wertschöpfung. Nach der Erstellung muss die Vorgabedokumentation tiefgreifend in den Arbeitsalltag integriert werden. In der Regel wird der Führende systematische Qualifikations- und Trainingsaktivitäten ansetzen, so dass jeder Mitarbeiter „mitgenommen wird" und die richtigen Prozesse verinnerlichen kann.

Grundsätzlich sollte der Mitarbeiter im Rahmen der Schulungen nicht nur mit den optimierten Vorgängen des eigenen Arbeitsplatzes vertraut gemacht werden, sondern darüber hinaus ein Verständnis für die gesamte Wertschöpfungskette gewinnen können. Der Detailgrad hängt sowohl davon ab wie komplex die Organisation des betreffenden Unternehmens ist als auch von den Anforderungen der jeweiligen Mitarbeiterstelle.

Im Idealfall werden diese Schulungsmaßnahmen regelmäßig wiederholt und die Prozessoptimierung anhand von wiederkehrenden Feedbackgesprächen weiter vorangetrieben. Wer als Führender die Prozesse optimieren möchte, ist nur glaubwürdig, wenn den Mitarbeitern entsprechend Zeit eingeräumt wird, um sich mit diesen zu befassen. In der Regel haben die Mitarbeiter außerhalb dieser Termine im Tagesgeschäft nur wenig Zeit, sich mit Prozessoptimierung oder -verständnis zu beschäftigen.

Grundsätzlich mag Prozessoptimierung zunächst zeitaufwendig und kompliziert scheinen, doch die Bemühungen werden in der Regel durch eine Verringerung von Arbeitsfehlern und Kosten belohnt. Zudem zahlen sich Schulungen und Fortbildungen der Mitarbeiter zur Verbesserung der Qualität und Prozesse langfristig nach meiner Ansicht meistens aus. In der Luftfahrt-Branche werden übrigens auch SOPs zur Prozessoptimierung verwendet und regelmäßig Schulungen vorgenommen. Als junges Unternehmen muss man daher nicht alles neu erfinden, sondern kann von anderen, erfolgreichen Branchen auch in dieser Hinsicht lernen.

10.4 Prozessoptimierung: Offene Fehler und Kritikkultur

Die Notwendigkeit einer offenen Fehler- und Kritikkultur wurde bereits in Kap. 7 unter dem Stichwort Agilität erläutert. Der oben beschriebene Vorgang der Prozessoptimierung kann nur dann erfolgreich verlaufen, wenn das Unternehmen eine offene Fehler – und Kritikkultur besitzt.

In fast jedem Betrieb gibt es kleine Hindernisse, die den täglichen Arbeitsalltag erschweren und Zeit rauben. Häufig sprechen die Mitarbeiter diese Störfaktoren nicht an. Die Gründe für das Schweigen sind vielfältig: man will nicht als Nörgler dastehen oder man nimmt an, die täglichen Blockaden seien ohnehin unabänderlich – schließlich hat man es ja schon immer so gemacht. Der Inhaber des Unternehmens weiß oft gar nicht, um welche Barrieren es sich handelt. Er ist mit anderen Aufgabenfeldern beschäftigt und geht häufig davon aus, dass man es ihm schon berichten würde, wenn es ein Problem gäbe. Leider liegt er mit dieser Annahme häufig falsch und alles bleibt so wie es war.

Als Inhaber oder Gründer kann man nicht erwarten, dass die Mitarbeiter von sich aus erzählen, wo sie die täglichen Probleme und Hindernisse sehen. Vielmehr muss der Führende sie aktiv fragen beziehungsweise eine Kultur schaffen, in der Kritik nicht nur geduldet, sondern ausdrücklich dazu ermutigt wird. Nur wenn Schwierigkeiten und falsche Ansätze offen angesprochen werden können, kann man diese berichten und im nächsten Schritt für die Zukunft beseitigen. Leider herrscht in vielen Unternehmen noch immer der Geist, dass Kritik nur in Richtung der Mitarbeiter möglich ist. Diese Haltung kann sich fatal auf den Arbeitsalltag auswirken, da Barrieren nicht nur bestehen bleiben, sondern die Führenden oftmals nicht mal Kenntnis davon erhalten.

Die gleiche Problematik stellt sich hinsichtlich eventueller Fehler und Missgeschicke, die den Mitarbeitern bei der täglichen Arbeitsbewältigung unterlaufen. Muss der Mitarbeiter mit Verärgerung oder gar Bestrafung rechnen, wenn er einen Fehler zugibt, wird er eventuell versuchen, diesen „unter den Teppich zu kehren". Dies kann nicht im Sinne der Unternehmensführung sein. Stattdessen sollte er sich konsequent zu einer offenen und positiven Fehlerkultur bekennen.

In meiner Kanzlei halte ich es folgendermaßen: macht ein Mitarbeiter einen Fehler, analysieren wir zunächst wie dieser entstanden ist und überlegen, wie ein Fehler dieser Art in der Zukunft vermieden werden kann. Meiner Ansicht nach gehören kleine Missgeschicke zum Leben und eben auch zum Arbeiten dazu. Daher bevorzuge ich es, diese kleinen Missgeschicke als Boten zu betrachten, die unseren Blick auf die Dinge lenken, denen wir mehr Aufmerksamkeit schenken sollten. Gerade an den Schnittstellen verschiedener Verantwortlichkeiten oder im Zuge von anderen Komplikationen (Zeitmangel, Übermüdung, Überforderung etc.) schleichen sich nach meiner Erfahrung schnell Fehler ein.

Um eine solche offene Fehler- und Kritikkultur im Betrieb aufzusetzen oder/ und zu implementieren, benötigt es ein starkes Vertrauen auf Seiten der Mitarbeiter. Dieses kann jedoch durch eine falsche Reaktion rasch verloren werden. Wieviel Vertrauen die Belegschaft dem Führenden entgegenbringt, ist daher ein Spiegel seines Verhaltens und sollte eine entsprechend konsequente Selbstreflektion anregen.

10.5 Zeitmanagement der Mitarbeiter

In der Literatur für Gründer findet man zahllose Methoden zu einer Verbesserung des individuellen Zeitmanagement. Das Spektrum reicht von der Not-To-Do-Liste, dem Eisenhower-Prinzip, der David Allen-Methode, dem SMART-Modell bis hin zur ALPEN-Methode und vielem mehr. Alle diese Methoden zielen darauf ab, dass der Mitarbeiter (oder Führende) seine Arbeitszeit effizienter nutzt und Aufgaben schneller erledigt (vergleiche Kap. 8.5. Kernkompetenz: Priorisierung).

Darüber hinaus kann der Führende Maßnahmen zur Verbesserung des Zeitmanagements vornehmen. Die oben beschriebene Prozessoptimierung wäre hier beispielsweise zu nennen. Grundsätzlich sollte die Führungspersönlichkeit, jedem Mitarbeiter das Verständnis dafür vermitteln, welche Aufgaben als besonders dringlich anzusehen sind, damit eine entsprechende Priorisierung überhaupt möglich ist. Neben der Standardisierung bestimmter Entscheidungsprozesse ist es wichtig, als gutes Vorbild voran zu gehen und eine unternehmensweite Zeitdisziplin umzusetzen. Eine Zeiterfassung der Aufgaben kann Aufschluss über verdeckte Zeitfresser geben. Hier ist allerdings Vorsicht geboten, da Kontrollmaßnahmen dieser Art die Motivation der Mitarbeiter erheblich herabsetzen können. Zudem beklagen kritische Stimmen, dass ein verbessertes Zeitmanagement häufig vornehmlich Stress bewirkt, der nicht nur unerfreulich ist, sondern sich zusätzlich negativ auf die Produktivität auswirkt.

Nach meiner Ansicht kann die Effektivität der Mitarbeiter nur dann nachhaltig steigen, wenn es dem Führenden gelingt, sein Team für die zu erledigenden Aufgaben langfristig zu motivieren.

> **Exkurs: Wie man die Motivation der Mitarbeiter steigert**
>
> Unter diesem Begriff Motivation versteht man allgemeinhin die Gesamtheit aller Gefühle, Bedürfnisse und Wünsche, die einen Mitarbeiter antreiben, um bestimmte Ziele zu erreichen. Die Bezeichnung ist „ein Sammelbegriff für vielerlei psychische Prozesse" (Kirchler und Walenta 2010, S. 11) und umfasst die Aufnahme einer Aktion, die Wahl einer Zielrichtung (*direction*) sowie die Aufrechterhaltung (*maintainance*) dieser Handlung (Kirchler und Walenta 2010, S. 11).
>
> Für den Erfolg eines Unternehmens spielt die Motivation der Mitarbeiter eine zentrale Rolle. Grundsätzlich unterscheidet man zwischen **extrinsischer und intrinsischer Motivation**. Die extrinsische Motivation entsteht aufgrund von äußeren Anreizen wie beispielsweise einer Gratifikation. In diesem Fall erbringt ein Mitarbeiter eine höhere Leistung, weil er sich eine Belohnung oder einen Vorteil erhofft oder einer Bestrafung zu entgehen versucht. Zu den typischen extrinsische Anreize zählen eine Gewinnbeteiligung oder ein leistungsbezogenes Gehalt.
>
> Die intrinsische Motivation wird durch inneren Antrieb gewonnen. Der Mitarbeiter vollzieht bestimmte Tätigkeiten gern, weil diese ihm Spaß machen, sie sinnvoll oder herausfordernd sind oder sie ihn schlicht interessieren.

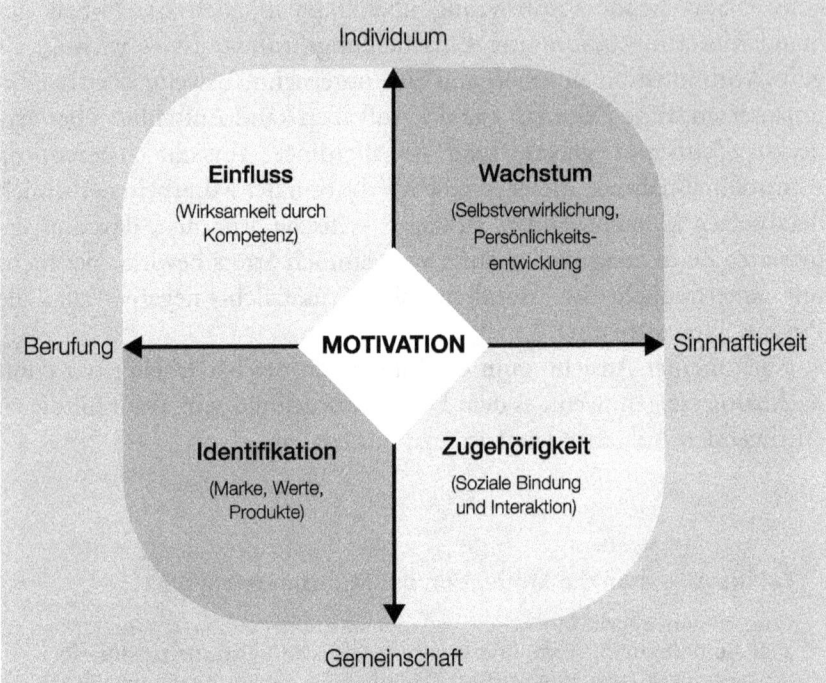

Abb. 10.2. Verschiedene Aspekte der Motivation

Wertschätzung und Anerkennung wurden bereits als wichtige Bestandteile der Mitarbeitermotivation behandelt. Darüber hinaus gibt es vier verschiedene Motivationsantriebe, die Sie der Abb. 10.2. entnehmen können.

1. Der Mitarbeiter möchte mithilfe seiner Fachexpertise mitgestalten dürfen. Dieses Bedürfnis nach **Einfluss steht** dann im Einklang mit seinen Aufgaben, wenn seine Kompetenz bei der Aufgabenerfüllung Wirksamkeit erlangen kann.
2. Stagnation und Langeweile wirken demotivierend. Stattdessen möchte der Mitarbeiter in seiner Persönlichkeit **wachsen** und sich fortentwickeln.
3. Der Aspekt der Identifikation verlangt, dass sich der Mitarbeiter mit der Marke, den Produkten und Werten des Unternehmens **identifizieren** kann.
4. Als soziales Wesen möchte der Mitarbeiter eine Form von **Zugehörigkeit** erleben, die eine Interaktion mit anderen Mitarbeitern und das Entstehen von sozialen Bindungen enthält.

> Aufgrund der Schnittmengen dieser Bereiche kann man Motivation auch unter den Aspekten Individualität, Berufung, Sinnhaftigkeit und soziale Bedürfnisse betrachten. Der Aspekt der **Individualität** berücksichtigt, dass der Mitarbeiter mit seiner Persönlichkeit wahrgenommen und gefördert werden möchte.
> Der Aspekt der **Berufung** treibt Menschen an, Einfluss zu nehmen und im Einklang mit den Werten des Unternehmens handeln zu wollen.
> Das Verlangen nach **Sinnhaftigkeit** beinhaltet den Wunsch nach persönlichem Wachstum und Zugehörigkeit zu anderen Individuen in dem Unternehmen.
> Der Mensch ist ein soziales Wesen, daher spielt der Aspekt der **Gemeinschaft** ebenfalls eine zentrale Rolle. Dieser berücksichtigt den Wunsch nach Identifizierung mit dem Unternehmen und der Zugehörigkeit.

Gelingt es dem Führenden seine Mitarbeiter in diesen vier Bereichen zu motivieren, steigert er hiermit langfristig die Produktivität.

Setzt er zusätzlich extrinsische Mittel ein, sollte er den sogenannten „Korrumpierungseffekt" (Kirchler und Walenta 2010, S. 15) vermeiden. Dieser entsteht, wenn eine Person eine Aufgabe zunächst gerne übernimmt. Erfolgt im nächsten Schritt eine Verstärkung des Verhaltens durch einen zusätzlichen externen Anreiz (zum Beispiel durch eine Bonuszahlung), kann dies dazu führen, dass nach einem Wegfall dieser externen Anreize in späteren Fällen das Verhalten nicht mehr so gerne oder nicht mehr so häufig wie zuvor (vor Einführung der externen Anreize) ausgeführt wird. Aus diesem Grund sollte man mit dem langfristigen Einsatz von extrinsischen Anreizen vorsichtig sein und auf keinen Fall auf intrinsische Anreize verzichten. Der Grund, warum extrinsische Anreize bei Führenden heute immer noch so beliebt sind, liegt keineswegs an ihrer langfristigen Wirksamkeit, sondern vielmehr daran, dass diese mit wenig Zeitaufwand geleistet werden können.

10.6 Motivorientierte Führung

Die motivorientierte Führung ist ein neuer Ansatz in der Management-Theorie, der versucht, sich die positiven Effekte der intrinsischen Motivation nutzbar zu machen. Diese Methode geht davon aus, dass die

Mitarbeiter deutlich produktiver sind, wenn sie mit Aufgaben betraut werden, die ihren individuellen Neigungen (Motiven) entsprechen.

Beispielsweise unterscheidet die „Leistungs-Motivations-Theorie" nach McChelland[2] drei Grundmotive:

1. Mitarbeiter, die stark nach dem **Anschluss-Motiv** handeln, wünschen sich die Zugehörigkeit und Wertschätzung. Diese Mitarbeiter kümmern sich häufig um andere und setzen sich für einen guten „Teamgeist" ein, möchten aber für dieses Engagement auch Anerkennung erhalten.
2. Mitarbeiter, die stark nach dem **Leistungsmotiv** handeln, streben vornehmlich das Erreichen ihrer selbst gesetzten Ziele an. Sie achten weniger auf das Team, sind aber leistungsbereit und erfolgsorientiert.
3. Wenn ein Mitarbeiter vornehmlich nach dem **Einflussmotiv** handelt, strebt er danach, Einfluss über andere zu erlangen, Verantwortung zu übernehmen und in der Betriebshierarchie aufzusteigen. Diese Mitarbeiter sind häufig eher statusorientiert.

Die drei Motive schließen sich keinesfalls untereinander aus, sondern sind in Menschen in unterschiedlicher Ausprägung vorhanden. Andere Modelle wie beispielsweise die Reiss[3]-Profile® unterscheiden 16 verschiedene Lebensmotive, die über Persönlichkeitstests in speziellen Coaching-Verfahren ermittelt werden. Insgesamt gibt es eine Vielzahl von lizensierten Persönlichkeitsprofiltest-Anbietern auf dem Coaching-Markt wie beispielsweise Insights®, MBTI® oder Big5®, um nur eine paar wenige Beispiele zu nennen.

Allerdings gibt es auch Kritik an der wissenschaftlichen Validität (Schwertfeger 2012) mancher Persönlichkeitstest-Anbieter sowie Datenschutzbedenken (Schwertfeger 2012). Unabhängig davon, wie man die Sinnhaftigkeit von Persönlichkeitstests einschätzt, kann der Motiv-Gedanke hilfreich sein, um als Führender durch aufmerksames Beobachten und im gemeinsamen Gespräch Interessen und Neigungen des Mitarbeiters

---

[2] David Clarence McClelland, 1917–1998, war ein US-amerikanischer Verhaltens- und Sozialpsychologe.
[3] Der Psychologe Steven Reiss, 1947–2016, war Professor an der The Ohio State University.

zu identifizieren. Im Kern sind diese Ansätze nichts anderes als standardisierte Verfahren zur Verbesserung des Stakeholder-Managements.

10.7 Wie Sie den Zusammenhalt und die Motivation in Ihrem Unternehmen fördern

Wie bereits erörtert, sind Motivation und Wertschätzung zentrale Bausteine, um die Zufriedenheit der Mitarbeiter zu steigern und die Produktivität zu erhöhen. In den nachfolgenden Abschnitten erfahren Sie, welche konkreten Maßnahmen der Führende ergreifen kann, um den Zusammenhalt und die Motivation im Unternehmen von Anfang an gut aufzusetzen oder zu verbessern.

10.7.1 Gestaltung des Arbeitsplatzes

Wenn der Mitarbeiter seinen Arbeitsplatz nach seinen Wünschen gestalten kann, wird er sich umso lieber dort aufhalten und mehr Freude bei der Erledigung seiner Aufgaben haben. Je nach Branche wird es jedoch nicht in jedem Unternehmen möglich sein, dem Mitarbeiter hier weitgehende Autonomie einzuräumen, da die Bedürfnisse anderer Stakeholder-Gruppen (des Inhabers, der Abnehmer) ebenfalls berücksichtigt werden müssen.

Dennoch sollte der Führende immer ein Interesse haben, dem Mitarbeiter bereits am ersten Tag alle notwendigen Arbeitsmittel zur Verfügung zu stellen. Auf keinen Fall sollte der Inhaber unterschätzen, wie negativ sich laute Großraumbüros, unbequeme Bürostühle und veraltete Rechner auf die allgemeine Leistungsbereitschaft auswirken können.

10.7.2 Ständige Erreichbarkeit

In der heutigen digitalen Arbeitswelt beantworten viele Berufstätige Emails nach Feierabend, während einer krankheitsbedingten Abwesenheit oder im Urlaub – mit fatalen Folgen. Die Erwartung mancher Unternehmer, dass die eigenen Mitarbeiter jederzeit erreichbar sein sollen, ist nicht nur gesundheitsgefährdend, sondern mindert zudem die Motivation eines Teams.

10.7.3 Betriebsatmosphäre

Eine kollegiale, wertschätzende und fröhliche Betriebsatmosphäre trägt nicht nur zur Lebensfreude aller Beteiligten bei, sondern ist ein wichtiger Faktor in der Motivation der Mitarbeiter. Mit oberflächlichen Gesten wie einem schönen Weihnachtsessen allein lässt sich diese jedoch nicht herstellen. Vielmehr prägt das Verhalten des Unternehmers nachhaltig das Betriebsklima, je nachdem wie er sein persönliches Verhältnis zu den Mitarbeitern gestaltet und die Werte des Unternehmens im Umgang mit ihnen vorlebt. Ist sein Führungsstil mitarbeiterorientiert und ist er demnach in einem regelmäßigen Austausch mit den Mitarbeitern und gegenseitigem Feedback bereit, liefert er somit die entscheidende Grundvoraussetzung für eine gute Betriebsatmosphäre.

Die Errichtung einer positiven Betriebsatmosphäre ist jedoch nur möglich, wenn bei der Personalauswahl ein Schwerpunkt auf die interpersonellen Fähigkeiten (siehe Kap. 11) der Mitarbeiter gelegt wird. Dies ist der erste wichtige Schritt, um unerwünschte Verhaltensweisen wie „Petzen" oder „Tratschen" im Büro zu vermeiden. Auch hinsichtlich der täglichen Kommunikation sollten Mindeststandards definiert und in den Betriebsalltag implementiert werden.

10.7.4 Berufliche Perspektive, Aufstiegschancen und Herausforderungen

Um die Mitarbeiter nachhaltig zu motivieren, sollte man diesen berufliche Entwicklungschancen ermöglichen. Das Streben nach Selbstverwirklichung und persönlichem Wachstum ist – wie bereits ausgeführt wurde – eine wichtige Säule der Motivation. Neben dem Bereitstellen entsprechender Stellen sollte der Führende zudem seine Mitarbeiter entsprechend coachen, um sie den richtigen Positionen zuzuführen. Hierzu muss die Führungspersönlichkeit die individuellen Fähigkeiten des Mitarbeiters gut einschätzen können, damit er diese fördern kann, ohne sie zu überfordern.

Neben neuen Aufstiegschancen wünschen sich viele erfahrene Mitarbeiter neue Herausforderungen, in denen sie ihr Können unter Beweis stellen können. Durch regelmäßige Gespräche mit dem Mitarbeiter bringt der Führende in Erfahrung, auf welchen Gebieten die Interessen des Mitarbeiters liegen. Vielleicht möchte sich dieser stärker in der Mitarbeiter-Fortbildung, Planung von firmeneigenen Events oder in der internen Kommunikation engagieren.

Grundsätzlich unterscheidet man bei der Übertragung neuer Aufgaben zwischen dem sogenannten „Job Enlargement" (Erweiterung des Aufgabenbereichs ohne zusätzliche Verantwortung) und „Job Enrichment" (Erweiterung des Aufgabenbereichs mit zusätzlicher Verantwortung). Nur letzteres ist geeignet, den betreffenden Mitarbeiter zu motivieren.

10.7.5 Autonomie, Flexibilität und Variabilität

Wer seine Mitarbeiter motivieren möchte, sollte ihr Bedürfnis nach Autonomie berücksichtigen. Die meisten Menschen möchten möglichst selbstbestimmt arbeiten und sich ihren Arbeitsalltag soweit wie möglich selbst einteilen. Verhindert der Führende dies durch ein Übermaß an Vorgaben oder Kontrollen (siehe nachfolgenden Abschnitt), verliert der Mitarbeiter schnell die Freude an seinen Aufgaben. Ein gute Personalauswahl und Vertrauen wirken sich daher in der Regel günstiger auf die Leistungsbereitschaft der Mitarbeiter aus.

Flexible Arbeitszeitmodelle fördern nicht nur die Autonomie der Mitarbeiter, sondern wirken sich positiv auf die Vereinbarkeit von Familie und Beruf aus. Sind zudem Home-Office-Tage in dem Unternehmen möglich, kann der Mitarbeiter seine privaten Belange (Arztbesuch, erkranktes Kind etc.) besser mit den Anforderungen des Arbeitsplatzes in Einklang bringen. Infolgedessen entstehen eine stärkere Anbindung an das Unternehmen und eine höhere Motivation. Die Digitalisierung eröffnet den Führenden eine Flexibilität in der Arbeitszeitgestaltung und somit große Chancen zur Motivation.

Für die Motivation ist es zudem wichtig, dass nicht immer wieder derselbe Mitarbeiter monotone, langweilige Aufgaben „aufgedrückt" bekommt. Auch hier bietet die Digitalisierung für viele Vorgänge Abhilfe und eine neue Variabilität, indem viele Vorgänge zunehmend automatisch und digital geleistet werden können. Ist es nicht möglich, einen digitalen Ersatz zu finden, sollten diese Aufgaben zwischen den Mitarbeitern rotieren und somit gleichmäßig aufgeteilt werden.

10.8 Kontrolle im Arbeitsalltag: nur auf Augenhöhe

Wie viel Kontrolle ist im Arbeitsalltag förderlich? Diese Frage ist nicht leicht zu beantworten. Grundsätzlich gehört die regelmäßige Leistungsüberprüfung in den Kernbereich der Führenden. Hierbei ist der Begriff Kontrolle streng von dem der Überwachung abzugrenzen. Eine Mitarbeiterüberwachung, wie sie in den letzten Jahren durch diverse Discounter-Ketten und andere Konzerne ausgeübt wurde, ist nicht nur kontraproduktiv und schädlich, sondern auch häufig ungesetzlich. In diesem Abschnitt soll es stattdessen allein um eine Leistungskontrolle auf Augenhöhe gehen.

Meiner Ansicht nach beinhaltet Leistungskontrolle keineswegs einen Mangel an Vertrauen. Wenn ein Führender mit dem Mitarbeiter ein konkretes Ziel zu einem bestimmten Zeitpunkt vereinbart, schafft dieser Termin die Möglichkeit, um gemeinsam mit dem betreffenden Mitarbeiter das Ergebnis zu überprüfen. Hierdurch erhält der Führende die Gelegenheit, sich bei seinem Mitarbeiter für seinen Einsatz zu bedanken, seine Anerkennung auszudrücken oder zu loben. Wurde das Ziel nicht erreicht, sollte der Führende konstruktive Kritik üben, den Mitarbeiter coachen und zu der Erzielung eines besseren Ergebnisses anleiten. Nimmt der Führende zu dem geplanten Termin keine Leistungskontrolle vor, wirkt dies eher wie ein Mangel an Interesse als ein Ausdruck von Vertrauen. Letzteres kann sich wiederum negativ auf die Motivation des betreffenden Mitarbeiters auswirken. Das Feedback darf nicht nur ein Denkvorgang des Führenden sein, sondern sollte dem Mitarbeiter gegenüber zum Ausdruck gebracht werden. Die Stellungnahme dient hierbei dazu, den Mitarbeiter zu bestärken, zu ermutigen und ihn zu seiner Aufgabenbewältigung zusätzlich zu befähigen. Zudem sollten die Leistungskontrolle für alle Teammitglieder immer zeitlich und inhaltlich ähnlich erfolgen, so dass sich niemand zurückgesetzt fühlt und das allgemeine Gerechtigkeitsempfinden nicht verletzt wird.

Darüber hinaus sind sinnvolle Leistungskontrollen nur möglich, wenn der Mitarbeiter über genügend Autonomie bei der Bewältigung der Aufgaben verfügt. Nur wenn er in seiner Arbeit eigenständig tätig sein und entscheiden darf, ergibt eine Kontrolle überhaupt einen Sinn. Der Führende sollte den Mitarbeiter stets in die Leistungskontrolle mit einbeziehen. In meiner Kanzlei kommen meine Mitarbeiter zu den vereinbarten Terminen auf mich zu und übernehmen weitgehend die Gesprächsführung, in dem sie die Leistungserfolge und eventuelle Schwierigkeiten von sich aus darstellen. Eine zentrale Grundlage für den Erfolg von Leistungskontrollen ist zudem die leistungsbezogene, angemessene und gerechte Bezahlung der Mitarbeiter. Wer viel von seinen Mitarbeitern fordert, sollte diese auch entsprechend entlohnen.

Praxisbeispiel: Die prozessualen Kompetenzen der Bezugsquellen

Seit 15 Jahren betreue ich ein Unternehmen, das sich auf die Produktion spezieller medizinischer Produkte spezialisiert hat. Die Unternehmerin kam damals zu mir, als sie das Unternehmen gründete. Ein wesentlicher Punkt des Startups damals war, die Produktion per EDV zu steuern und die Produktionsabläufe im EDV-System entsprechend zu dokumentieren (heute würde man sagen: digitalisieren). Da dank großzügiger Finanzierungen und Fördermittel Geld genug vorhanden war, hat sie sich ein Team von sechs EDV-Spezialisten zusammengestellt, die mit der Umsetzung des Projekts betraut wurden. Der Zeithorizont sollte sechs Monate betragen.

Da sich meine Mandantin Top-Leute für diese Aufgabe geholt hat, vertraute sie auf eine sach- und fristgerechte Umsetzung. Erste Zweifel kamen bei ihr auf, als in den ersten zwei Monaten nach Projektstart die Projektgruppe noch keinen Kontakt mit der Produktionsabteilung und der Geschäftsleitung aufgenommen hatte, um die Anforderungen an die Umsetzung konkret abzufragen. Erst bei einer gemeinsamen Sitzung der Geschäftsleitung und der Projektgruppe nach drei Monaten wurde offenbar, dass die Projektgruppe gerade mal wieder daran war, interne Zuständigkeiten zu klären. Daraufhin wurde der Projektleiter entfernt und sein Stellvertreter übernahm den Posten. Weitere zwei Monate später stellte sich heraus, dass die Projektgruppe heillos zerstritten war und einen

Großteil seiner Arbeitszeit damit verbrachte, sich gegenseitig für das Nicht-Vorankommen verantwortlich zu machen. Als dies die Geschäftsleitung erkannt hatte, war das Projekt zeitlich nicht mehr zu retten. Es musste eine externe Beraterfirma mit der Umsetzung beauftragt werden die es weitere sechs Monate später ermöglichte, die Produktion anlaufen zu lassen. Die dafür anfallenden Kosten überschritten das Budget der Firma sehr deutlich. Die sechs Monate Zeitverzug und die Mehrkosten hätten fast die Existenz des neu gegründeten Unternehmens gefährdet.

Heute ist das Unternehmen sehr erfolgreich. Die Inhaberin hat mir kürzlich erzählt, dass sie froh ist, diese negative Erfahrung am Anfang ihrer Selbstständigkeit zu machen. Zum einen war die Herausforderung damals noch stemmbar. Zum anderen ist sich meine Mandantin sicher, damit viel aus diesem Vorfall gelernt zu haben, so dass ihr so etwas hoffentlich nie wieder passiert.

Seit dieser Erfahrung setzt meine Mandantin – sehr erfolgreich – als agile Methode zur Entwicklung von EDV-Lösungen SCRUM ein. Bei diesem Vorgehen müssen von Anfang an Verantwortliche benannt werden und die Feedback-Rhythmen sind klar definiert und organisiert.

Ergebnis:

Egal in welchem Bereich Gründer oder Unternehmer tätig sind, die Prozesse zwischen Mitarbeitern, Dienstleistern und Zulieferern spielen in der Regel eine enorm wichtige Rolle. Deswegen besteht die Grundaufgabe darin, die wesentlichen Prozesse bei einer Gründung zu identifizieren und optimal zu organisieren. Dabei muss das Rad selten neu erfunden werden, sondern einfach wahrgenommen werden, wie es die Konkurrenz macht.

10.9 Zwischenfazit

Angesicht der Herausforderungen der VUCA-Welt stehen viele Unternehmen vor der Aufgabe der Prozessoptimierung, um die Effizienz des Unternehmens zu steigern. Zunächst werden die Prozesse unter Einbeziehung der betroffenen Mitarbeiter definiert und festgehalten. Hierbei sollten die Aufgaben für jedes Team-Mitglied und die gewünschten Kommunikationsstrukturen klar bestimmt werden. Auf diese Weise können die Beteiligten Abweichungen vom Normverhalten, mögliche Redundanzen, Schnittstellenverluste, Stille-Post-Effekte, Arbeitsfehler und damit verbundene Qualitätslücken rasch identifizieren und beseitigen und somit einen wichtigen Beitrag zur Kostenreduzierung leisten.

Im Vergleich zu herkömmlichen Handbüchern bieten so genannte *Standard Operating Procedures* (SOPs) viele Vorteile bei der Niederschrift dieser Regeln. Diese standardisierten Verfahren vereinfachen die Beherrschung komplizierter, organisatorischer Systeme, indem sie festlegen, wer was, wann, wie und womit auszuführen hat. Ihre besondere Stärke liegt darin, dass sie mittels Visualisierung komplexe Organisationsstrukturen transparent darstellen können, so dass diese für die Mitarbeiter intuitiv erfassbar werden.

Im Idealfall werden optimierte Prozesse in Schulungsmaßnahmen regelmäßig unterrichtet und die Prozessoptimierung anhand von wiederkehrenden Feedbackgesprächen weiter vorangetrieben. Eine offene Fehler- und Kritikkultur ist ebenfalls ein wichtiger Bestandteil, damit die zeitraubenden Hindernisse durch Mitarbeiter überhaupt angesprochen werden können.

Ein wichtiges Gebiet der Prozessoptimierung stellt das Zeitmanagement dar. Hier unterscheidet man zwischen einer Vielzahl von Methoden für die individuelle Selbstorganisation (z. B. ABC-, SMART-Methode) und Maßnahmen der Unternehmensführung zur Verbesserung des Zeitmanagements. Gerade letztere sind jedoch teilweise umstritten, da sie oft mehr Stress als Gewinn für alle Beteiligten produzieren.

Leistungskontrollen sind ein weiteres Kerngebiet der Unternehmensführung. Diese sollten den zuvor vereinbarten Zielen und Terminen entsprechen und dazu dienen, dem Mitarbeiter konstruktives Feedback zu vermitteln und diesen für seine Aufgabenbewältigung zusätzlich zu befähigen.

Grundsätzlich sind sämtliche Maßnahmen der Prozessoptimierung nur möglich, wenn das Team entsprechend motiviert ist. Hierfür sollte jedes Teammitglied von der Sinnhaftigkeit seiner Aufgaben überzeugt, die Teamorientierung tief in den Arbeitsalltag verankert und das tägliche Miteinander durch gegenseitige Wertschätzung und Empathie geprägt sein. Eine angenehme Gestaltung des Arbeitsplatzes, eine positive Betriebsatmosphäre, die Möglichkeit zur Selbstbestimmung bei der Erledigung der Aufgaben, Abwechslung sowie das Anbieten von beruflichen Perspektiven sind weitere essenzielle Faktoren der Mitarbeitermotivation.

11

Schritt 6: Die interpersonelle Kompetenz – Bezugsquellen

Wo Menschen miteinander in Kontakt treten und kommunizieren, sind interpersonelle Kompetenzen unverzichtbar. Um den Erfolg des Unternehmens zu gewährleisten, reichen Fachwissen und prozessuale Kenntnisse allein heute nicht mehr aus. Vielmehr benötigen heutige Mitarbeiter eine Vielzahl von Soft Skills, um ein optimales Stakeholder-Management ermöglichen zu können. Dieses Kapitel behandelt, welche interpersonellen Fähigkeiten notwendig sind und welche Unterschiede der Führende zwischen den verschiedenen Generationen unter seinen Mitarbeitern mitbedenken sollte.

11.1 Welche Soft Skills sind wichtig?

Welche Soft Skills der Mitarbeiter sind für den Unternehmenserfolg am wesentlichsten? Diese Frage lässt sich nicht pauschal beantworten, da dies von der Branche, dem Geschäftsfeld und der Struktur des jeweiligen

Unternehmens abhängt. Zu Zeiten als Unternehmen noch autoritär und hierarchisch organisiert waren, erwartete die Führung die typischen preußischen Tugenden von ihren Mitarbeitern: Fleiß, Gewissenhaftigkeit, Fügsamkeit und Pünktlichkeit und die reibungslose Erfüllung ihrer Aufgaben. Diese Zeiten sind unwiederbringlich vorbei.

In einem modernen, mitarbeiterorientieren Betrieb ist der Mitarbeiter nicht mehr ein Erfüllungsgehilfe ohne Mitspracherecht, sondern kompetenter Fachexperte mit vielfachen Soft Skills und organisatorischem Verständnis. Die Anforderungen an ihn sind folglich stark gestiegen. Zu den häufig erwünschten interpersonellen Kompetenzen zählen die in Abb. 11.1 aufgeführten persönlichen und sozialen Fähigkeiten.

Nicht alle Soft Skills spielen bei jedem Arbeitsplatz eine gleich große Rolle. Die konkreten interpersonellen Anforderungen der jeweiligen Stelle sind daher bei der Personalauswahl sowohl für die Gegenwart als auch für die zukünftige Entwicklung des Mitarbeiters zu berücksichtigen. Hierbei sind die gruppendynamischen Bedürfnisse bei der Zusammenstellung des Teams miteinzubeziehen.

11.2 Ein kurzer Blick zurück

Ein modernes Stakeholder-Management ist nur mit teamfähigen Mitarbeitern möglich. Dies war nicht immer so. Bis vor etwa 20 Jahren stand vor allem die Prozessoptimierung im Fokus der Unternehmensführung. Im Zuge dieser Bemühungen wurden die Arbeitsabläufe weitgehend rationalisiert und immer schnellere und intelligentere Maschinen eingesetzt. Diese Form der Rationalisierung ist zwar im Rahmen der Digitalisierung und Automatisierung noch immer nicht abgeschlossen, führt jedoch zu keiner Verbesserung hinsichtlich der verbleibenden Mitarbeiter. Als Folge dessen begann man die Arbeitsaufgaben neu zu strukturieren und die Team- und Projektarbeit nahm ihren Siegeszug. In modernen Betrieben arbeiten die Mitarbeiter heute nicht mehr arbeitsteilig an Aufgaben, sondern sie lösen komplexe Herausforderungen in Projekt- und Teamarbeit. Daher sind die Teamfähigkeit sowie andere soziale und persönliche Soft Skills ein zentraler Baustein für den Erfolg des Unternehmens.

11 Schritt 6: Die interpersonelle Kompetenz – Bezugsquellen 139

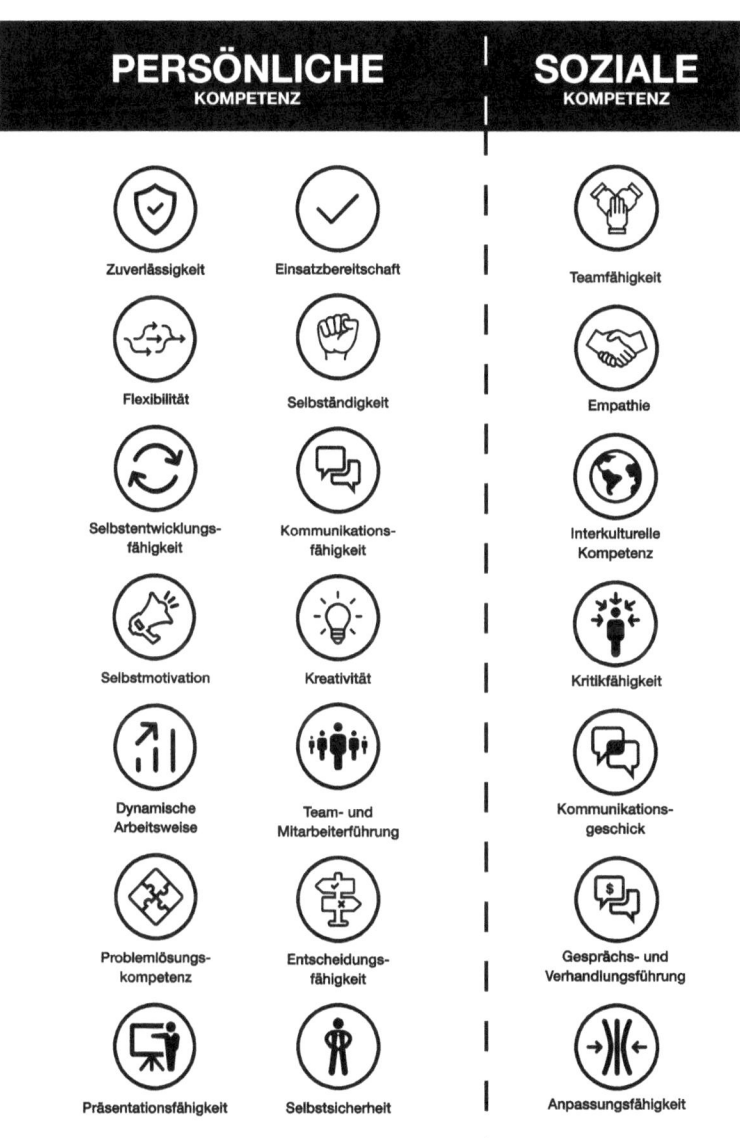

Abb. 11.1 Interpersonelle Fähigkeiten der Mitarbeiter

11.3 Von der Personalentwicklung zu Selbstentwicklung

Nur mit den richtigen Mitarbeitern und einer umsichtigen Personalauswahl können sich derzeit Gründer für die aktuellen Anforderungen wappnen. Heutige Mitarbeiter müssen sich immer wieder neuen Herausforderungen stellen und neue Fähigkeiten erlernen. Der sich hieraus ergebene Bedarf an Personalentwicklung, muss bei der Personalauswahl bereits mit einbezogen werden. Nur Mitarbeiter mit dem Willen und der Fähigkeit zum lebenslangen Lernen sind diesen neuen Ansprüchen gewachsen. Dies bedeutet auch, dass die Fort- und Weiterbildung ein Teil des Arbeitsalltags werden muss. Idealerweise werden diese Maßnahmen nicht allein durch den Führenden konzipiert, sondern der Mitarbeiter wird zum „Selbstentwickler", identifiziert seinen Entwicklungsbedarf und organsiert das entsprechende Lernangebot selbst. Möchte der Führende von der Selbstentwicklungs-Fähigkeit profitieren, sollte er dem Arbeitnehmer die entsprechende Arbeitszeit für seine Weiterentwicklung zur Verfügung stellen. Gerade Gründer bestimmen mit der Personalauswahl und -entwicklung das Innovationspotenzial ihres Unternehmens.

Damit diese Form von Selbstentwicklung überhaupt möglich ist, muss der Mitarbeiter nicht nur ein hohes Maß an Eigenmotivation besitzen, sondern er muss auch in der Lage sein, den eigenen Entwicklungsbedarf zu ermitteln, zu managen und zu strukturieren. Auch diese zusätzlichen Kompetenzen sind bei der Personalauswahl zu berücksichtigen.

Die Fähigkeit zur Selbstmotivation ist eine weitere zentrale persönliche Fähigkeit, die bei der Personenauswahl einbezogen werden sollte. Eigenständiges, strukturiertes Arbeiten, ohne eine große Kontrolle durch den Führenden, setzt die Fähigkeit zur Selbstmotivation voraus, denn nur dann wird sich der Arbeitnehmer auch den weniger attraktiven Arbeiten zuwenden. Zudem sind Selbstvertrauen und Zuversicht in das eigene Leistungsvermögen notwendig, damit die Mitarbeiter auch in stürmischen Zeiten nicht in eine „Schockstarre" fallen und sich überfordert fühlen, sondern auch in Krisenzeiten ihre Aufgaben beherzt angehen können.

11.4 Aktives Zuhören

Eine erfolgreiche Team- und Projektarbeit ist nur möglich, wenn die Mitarbeiter die Fähigkeit zum aktiven Zuhören mitbringen. Als aktives und einfühlendes Zuhören versteht man, dem Gegenüber mit einer offenen, empathischen und respektvollen Geisteshaltung gegenüberzutreten. Diese Art von Zuhören ist darauf ausgerichtet, den anderen zu verstehen, ohne die eigenen Wertvorstellungen auf diesen zu projizieren. Nur wenn man sich gegenseitig zuhört, kann man im Team wesentliche Informationen erhalten, Missverständnisse vermeiden und sein Gegenüber wirklich kennenlernen. Indem man aktiv zuhört, bringt man zudem seine Wertschätzung gegenüber dem Anderen zum Ausdruck und zeigt dem Gegenüber, dass man dessen Anliegen ernst nimmt. Unterbrechen und mangelnde Aufmerksamkeit haben im Rahmen des aktiven Zuhörens keinen Raum und sind kontraproduktiv.

Im Arbeitsalltag bringt diese Gesprächstechnik viele Vorteile: es treten seltener Missverständnisse auf, das gegenseitige Vertrauen wächst und schwierige Situationen können schneller und effizienter gelöst werden. Die Fähigkeit zum aktiven Zuhören ist daher eine unverzichtbare interpersonelle Kompetenz und sollte bei der Personalauswahl mit der entsprechenden Dringlichkeit berücksichtigt werden.

11.5 Soft Skills und Weiterbildung

Soft Skills sind nicht allein eine Frage der Persönlichkeit des einzelnen Mitarbeiters, sondern können gezielt geschult werden. Deutsche Unternehmen haben ihren Bedarf an Soft Skills erkannt und in ihre Weiterbildungsstrategien einbezogen. Bei der *Fünften Europäischen Erhebung über die berufliche Weiterbildung* (Statistisches Bundesamt 2016) des Statistischen Bundesamtes wurden als die wichtigsten Qualifikationen für die zukünftige Unternehmensentwicklung die Kompetenz „Kundenorientierung" neben technischen, praktischen oder arbeitsplatzspezifischen Fertigkeiten gefolgt von „Teamfähigkeit", „Problemlösungskompetenz" und allgemeinen IT-Kenntnissen von den befragten Unternehmen genannt.

Zwar entfielen noch immer zwei Drittel aller internen oder externen Lehrveranstaltungen auf technische, praktische oder arbeitsplatzspezifische Fertigkeiten. Die interpersonelle Kompetenz „Kundenorientierung" und „Teamfähigkeit" wurden jedoch mit immerhin 27 % und 16 % aller Schulungsstunden berücksichtigt. Dieser neue Fortbildungs- Trend entspricht den geänderten Anforderungen der VUCA-Welt, die es notwendig machen, die Mitarbeiter für diese Herausforderungen – auch in Bezug auf die interpersonellen Kompetenzen – fit zu machen.

11.6 Typische Unterschiede zwischen den verschiedenen Generationen

Über die Unterschiede zwischen den Generationen (siehe Abb. 11.2) der Babyboomer, den Generationen X, Y (den so genannten *Millennials*) und Z ist schon vieles geschrieben worden. Als Gründer sind alle Altersklasse vertreten, wobei die jüngere Generation Y nach meiner Erfahrung häufig mehr Risikobereitschaft und Mut zur Innovation im Gründungsprozess zeigt. Zurzeit prägen die Generationen X und Y sehr stark das Arbeitsleben, da sich die Babyboomer teilweise schon auf der Schwelle zum Ruhestand befinden. In vielen Veröffentlichungen werden die Verschiedenheiten der Generationen im Hinblick auf die Life-Work-Balance, die Affinität zur Technik (die bei den Y und Z extrem stark ausgeprägt ist) und Fähigkeiten

	Maturists (Veteranen)	Baby Boomers	Generation X	Generation Y	Generation Z
	(geboren vor 1945)	1945 - 1960	1961 - 1980	1981-1995	nach 1995 geboren
Haltung zur Karriere	lebenslange Arbeitsstelle	starke Bindung an Unternehmen	starke Bildung an Beruf, aber nicht unbedingt Unternehmen	digitale Entrepreneure, die auch für Unternehmen tätig werden	ungebundene Multitasker
Typisches Produkt	🚗	📺	🖥️	📱	📼
Medien, Kommunikation	✉️	☎️	@	🌐	tragbare Kommunikationsgeräte

Abb. 11.2 Die verschiedenen Generationen

zum *Multi-Tasking* behandelt. In diesem Abschnitt möchte ich jedoch kurz, auf ein paar andere Unterschiede eingehen und was diese für das Gesamtgefüge des Unternehmens bedeuten.

Mitarbeiter der Generation Y fordern häufig verlässliche Rahmenbedingungen für ihre Tätigkeit, so dass die Führenden eine klare Struktur vorgeben sollten. Diese Generation ist sehr stark an Team- und Projektarbeit interessiert und sucht auch am Arbeitsplatz die Mitgliedschaft in einer positiven Gemeinschaft. Darüber hinaus sind sie gewöhnt, sehr stark vernetzt zu sein und trennen zwischen Arbeit und Leben häufig nicht allzu streng. Aus diesem Grund begrüßen sie flexible Arbeitszeiten oder Home Office-Angebote. Außerdem sucht diese Generation eine sinnstiftende Arbeit, in der sie sich gerne stark einbringt. Die Loyalität zu dem Unternehmen ist im Vergleich dazu weniger ausgeprägt als bei früheren Generationen, daher sollte der Führende in dieser Hinsicht Offenheit zeigen.

Fortbildungsmöglichkeiten sind für Millennials bei der Arbeitsplatzauswahl ebenfalls von großer Bedeutung. Vor allem das Feedback spielt für die Millennials eine zentrale Rolle, da sie es von klein auf gewöhnt sind, sofort Feedback zu erhalten. Daher zeigt diese Generation auch eine größere Akzeptanz für Leistungskontrollen als die vorherigen Generationen, wenn diese unter gerechten Bedingungen stattfinden und konstruktives Feedback enthalten (siehe Abschn. 10.8. Kontrolle im Arbeitsalltag: nur auf Augenhöhe).

Im Umkehrschluss bedeutet dies für den Führenden – falls dieser nicht der gleichen Generation angehört – dass er diesem Bedürfnisse nach Feedback und Teamfähigkeit bei der Auswahl aller Mitarbeiter, der täglichen Arbeitsorganisation und in seinem Führungsstil entsprechend nachkommen sollte.

> **Praxisbeispiel: Die interpersonellen Kompetenzen der Bezugsquellen**
>
> Der Bauboom der letzten Jahre, insbesondere in und um München, beschert den Handwerkern, Bauunternehmern und anderen Dienstleistern in diesem Bereich viele Aufträge. So auch einem Architektenbüro, dessen Betreuung wir vor ein paar Jahren übernommen haben. Gestartet als ein Ein-Mann-Unternehmen waren nach zwei Jahren fünf, und nach weiteren zwei Jahren

zwölf Angestellte an Bord. Entsprechend stiegen die Umsätze und die Gewinne. Für mich als Steuerberater war zum einen faszinierend, wie der Gründer aus dem Stand heraus ein gut gehendes Unternehmen gegründet hat, aber vor allem, wie er die große Herausforderung gemeistert hat, Personal zu gewinnen und zu halten. Einen Einblick, wie er das geschafft hat, konnte ich bekommen, als ich die Einladung zum alljährlich stattfindenden Sommerfest des Architektenbüros angenommen habe. Bei dieser Gelegenheit konnte ich mit vielen Mitarbeitern Gespräche führen.

In praktisch jedem Gespräch schwärmte mir mein Gegenüber vor, wie angenehm es ist, in dem Büro zu arbeiten. Zwar habe man stets sehr viel zu tun, aber die Mitarbeiter schätzen Ihren Chef sehr dafür, dass er deren Leistung erkennt und auch anerkennt. Er hat stets ein offenes Ohr für Verbesserungen und hilft seinen Angestellten, wo es geht, auch gerne mal bei privaten Angelegenheiten.

Der Tag beginnt immer mit einem kurzen Briefing morgens, über das was ansteht und jeder Mitarbeiter kann sich dort einbringen. Mittags wird zweimal die Woche für das gesamte Team gekocht. Abends bleibt man gerne noch auf ein Bier oder ein Glas Wein, um in privater Atmosphäre den Tag ausklingen zu lassen.

Dies führt dazu, dass neue Mitarbeiter recht zügig ins Team aufgenommen werden und rasch den „Geist" des Büros aufnehmen. Pro Jahr ein außergewöhnlicher Betriebsausflug, eine besondere Weihnachtsfeier und besagtes Sommerfest runden das Bild ab. Dem Gründer ist es offensichtlich gelungen, sich derart gut als Arbeitgeber zu positionieren, dass er mit Initiativbewerbungen sein Unternehmenswachstum abbilden kann und sich über Fluktuation keine Gedanken machen muss.

Was sich in diesem Zusammenhang in den Gesprächen an diesem Sommerabend auch zeigte, dass durch die vielen sozialen Kontakte und durch das positive Vorleben des Chefs eine sehr offene Unternehmenskultur geschaffen wurde. Die Mitarbeiter berichteten mir an dem Abend, dass vor allem die Art und Weise, wie mit Fehlern in dem Unternehmen umgegangen wird, zu einer guten Unternehmenskultur beiträgt.

Von diesem Sommerfest bin ich übrigens sehr, sehr spät nach Hause gekommen.

Ergebnis:

Gründer sind nicht nur Manager, die Unternehmensaufgaben lösen müssen. Sobald sie mit Menschen zusammenarbeiten (und wer tut das nicht) sind auch ihre zwischenmenschlichen Fähigkeiten von großer Bedeutung. Gute Mitarbeiter akquiriert man nachhaltig, nicht nur mit einem guten Gehalt oder lukrativen Boni. Da Gründer regelmäßig jüngere Mitarbeiter beschäftigen, sind die geänderten Anforderungen der Generation Y und Z an die Arbeitswelt zu beachten.

11.7 Zwischenfazit

Überall wo Menschen miteinander in Kontakt treten und miteinander kommunizieren, sind interpersonelle und persönliche Kompetenzen unverzichtbar. Welche dieser Fähigkeiten auf welcher Stelle besonders wichtig sind, richtet sich nach der Branche, dem Geschäftsfeld und der Struktur des jeweiligen Unternehmens. Die Fähigkeit zum aktiven Zuhören und zur Selbstentwicklung, Teamfähigkeit und die Zuversicht, die anvertrauten Aufgaben auch in stürmischen Zeiten bewältigen zu können, sind zentrale Kompetenzen, um den heutigen Herausforderungen der VUCA-Welt begegnen zu können.

Um den Erfolg eines jungen Unternehmens zu gewährleisten sollten diese sozialen Kompetenzen bei der Personalauswahl mit der entsprechenden Gewichtung bedacht und im Arbeitsalltag regelmäßig weiter geschult werden. Zudem sollte der Führende eventuelle Brücken zwischen den Generationen überbrücken, indem er dem Bedürfnis der jüngeren Generation nach sofortigem Feedback, Flexibilität und Projekt- und Teamarbeit nachkommt und der jüngeren Generation mit einer offenen Haltung begegnet.

Teil IV

Stakeholder-Gruppe Abnehmer (Kunden, Käufer, Mandanten)

12

Schritt 7: Die fachlichen Kompetenzen – Abnehmer

Mache ein anständiges Produkt zu einem anständigen Preis und erzähle es dann der Welt. William Wrigley, amerikanischer Kaugummihersteller (1861–1932)

Dieser Teil des vorliegenden Buchs behandelt das Management der Stakeholder-Gruppe der Abnehmer. Woran liegt es, dass manche junge Unternehmen nach kürzester Zeit vom Markt gefegt werden, während andere zu Weltkonzernen aufsteigen? Auch Gründer mit innovativen Ideen können sich dann nicht langfristig am Markt halten, wenn das Stakeholder-Management mit dieser Anspruchsgruppe nicht in Einklang zu bringen ist. Die Bedürfnisse der Kunden gut einschätzen zu können, ist im Kern Vertriebsarbeit. Doch gerade im Vertrieb hakt es bei vielen jungen Unternehmen. Häufig wird dieser zu spät gestartet oder ist chronisch unterfinanziert. Dieses Kapitel beschäftig sich mit den fachlichen Anforderungen des Vertriebs und zeigt auf, an welcher Stelle typischer Weise Versäumnisse entstehen.

12.1 Wisse, wer Du bist

Ein erfolgreicher Vertrieb ist nur möglich, wenn der Selbstfindungsprozess des Unternehmens vollständig abgeschlossen ist und der Unternehmer von seinem Produkt und den entsprechenden Bedürfnissen seiner Zielgruppe überzeugt ist. Nach meiner Erfahrung beginnen jedoch viele Gründer zu spät mit der Vertriebsplanung. Schon bei der Entwicklung des Produkts oder der Dienstleistung sollte die Marktrelevanz berücksichtigt werden. Was will der Abnehmer? Wie wird der Kunde auf das Produkt oder die Dienstleistung aufmerksam gemacht?

Richtet sich das Produkt oder die Dienstleistung nicht an den einzelnen Konsumenten, sondern an die Geschäftskunden sollten die daraus folgenden längeren Entscheidungswege unbedingt miteinbezogen werden. Eine ungeschriebene Regel lautet: Je größer das Unternehmen ist, desto länger dauern Entscheidungen. Der Zeitraum bis die Kaufentscheidung getroffen, das Produkt bestellt und abgenommen und die Außenstände an den Gründer überwiesen wurden, kann schmerzlich lang sein.

12.2 Wisse, wer der Abnehmer ist: Zielgruppenermittlung

Bevor eine Vertriebsstrategie entwickelt werden kann, muss zunächst die Zielgruppe ermittelt werden. Wer ist der Abnehmer eines bestimmten Produkts oder einer Dienstleistung? Die Unterscheidung zwischen Privatkunden bzw. B2C und Geschäftskunden bzw. B2B ist der erste Schritt der Zielgruppenbestimmung. Anschließend werden die Eigenschaften, Probleme, Wünsche und Bedürfnisse der Zielgruppe spezifiziert.

Die Gruppe der Privatkunden wird im Rahmen der Marktforschung nach den Kriterien Wohnort, Geschlecht, Alter, Familienstand, Berufsgruppe, Bildung, Religion, Nationalität untergliedert und gegebenenfalls nach Kriterien wie dem Kaufmotiv, dem Vorhandensein von Beeinflussern, dem Verkaufsort, der Kauffrequenz sowie der Uhrzeit und speziellen Vorlieben untersucht. Sind Geschäftskunden die Abnehmer, so werden Merkmale wie der Firmensitz/Region, die Branchenzugehörigkeit, die Unternehmensgröße, die Unternehmensphase, die Preissensitivität und verschiedene Kennzeichen des Kaufverhaltens (Kaufmotiv, Kauffrequenz etc.) ermittelt.

Nach der Zielgruppendefinition folgt die Zielgruppenanalyse. Manche Unternehmen arbeiten nach der Analysephase mit fiktiven Musterkunden, denen sie bestimmte, für die Zielgruppe typische Merkmale zuordnen. Die Tiefe der Analyse hängt selbstverständlich vom Gegenstand und der Größe des Unternehmens ab. In kleineren und mittelständischen Unternehmen ist es oft ausreichend, wenn sich das Unternehmen mit den Abnehmern im regelmäßigen Austausch befindet und so deren Bedürfnisse im Direktkontakt erkundet. Ist die Zielgruppe größer oder gar international, dann wird in der Regel eine entsprechend aufwendige Marktforschung notwendig, um nicht an den Bedürfnissen der Zielgruppe „vorbei zu produzieren".

12.3 USP – Auf das Alleinstellungsmerkmal kommt es an

Wenn Sie dieses Buch zur Hand nehmen, haben Sie den USP (siehe Abb. 12.1) Ihres Unternehmens vermutlich bereits erfolgreich entwickelt. Das Alleinstellungsmerkmal bzw. der USP (*Unique Selling Point*)

Abb. 12.1 Der USP

gilt als die wichtigste Voraussetzung für den Markterfolg eines Produkts. Anhand des USPs schneidet das Unternehmen letztendlich im Vergleich mit anderen Anbietern hoffentlich besser ab. Aus diesem Grund sollte sich das Unternehmen mit dem Alleinstellungsmerkmal auf dem Markt stark positionieren, um auf diese Weise potenzielle Kunden zu gewinnen. Aber entsprechen Ihre Vorstellungen des USPs den tatsächlichen Stärken und Vorzügen Ihres Produkts oder Ihrer Dienstleistung?

Nach meiner Erfahrung neigen Jungunternehmer gelegentlich dazu, sich ein wenig in die bestimmten Merkmale ihres Produkts oder ihrer Dienstleistung zu verlieben, die ihnen persönlich besonders gut gefallen. Positive Merkmale allein bilden jedoch noch nicht das Alleinstellungsmerkmal, sondern der USP muss einige grundsätzliche Voraussetzungen erfüllen.

Zunächst sollte er die so genannte Verteidigungsfähigkeit besitzen, um sich gegen konkurrierende Produkte durchzusetzen. Selbstverständlich spielt die Zielgruppenorientierung eine zentrale Rolle, da das Alleinstellungsmerkmal sich an den Bedürfnissen der Kunden ausrichten sollte. Auch die Wirtschaftlichkeit eines Produkts kann den USP bilden. Zudem sollte die Herstellung keine hohen Kosten auslösen und in einem guten Preis-Leistungsverhältnis stehen, so dass es mit einer der Zielgruppen und dem Verwendungszweck angemessenen Qualität überzeugen kann.

Vorsicht ist geboten, wenn das Alleinstellungsmerkmal allein in so genannten *Special Features* des Produkts oder der Dienstleistung besteht. Hier sollte der Gründer gründliche Recherchearbeit leisten und herausfinden, ob die *Special Features* tatsächlich genügend Interesse in der Zielgruppe erregen, um eine Kaufentscheidung auszulösen.

12.4 Kenne die Lösung

Eine alte Vertriebsweisheit lautet: „Der Kunde kauft keine Produkte, sondern Lösungen." Dies bedeutet: die Produktvorteile an sich interessieren den Abnehmer nur begrenzt, denn er möchte eine Lösung für sein Problem. Die Kunden wollen beispielsweise keinen Hammer mit besonders tollen Eigenschaften erstehen, sondern ein Bild aufhängen. Die Eigenschaften des Produkts oder der Dienstleistung führen häufig nur dann zu einer Kaufentscheidung, wenn sie zu einer deutlich verbesserten, schnelleren oder bequemeren Lösung beitragen. Der Unternehmer sollte daher schon bei der ersten Produktentwicklung versuchen, die Probleme des Abnehmers nicht nur sehr gut zu kennen, sondern eben diese auch besonders clever zu lösen. Desto besser ihm das gelingt, umso erfolgreicher verläuft später der Vertrieb.

12.5 Customer Experience

Um im Rahmen des Stakeholder Managements die Bedürfnisse des Abnehmers zur höchsten Zufriedenheit zu erfüllen, wird das Kauferlebnis heute als *Customer Experience* gestaltet. Jeder Kauf oder jede Entgegennahme einer Dienstleistung ist mit Erlebnissen verknüpft. Mit der *Customer Experience* versucht man nun dem Kunden eine besonders positive oder gar unverwechselbare Erfahrung zu verschaffen, um sich auf diese Weise gegen vergleichbare Produkte abzuheben.

Dieser Trend ist bereits seit einigen Jahren Jahre etabliert und nimmt stetig zu. Da die Gesellschaft im Konsumverhalten ohnehin immer mehr erlebnis-orientiert wird, ist diese Entwicklung wenig überraschend. Zudem drängen ständig neue, teilweise relativ austauschbare Produkte auf den Markt. Aus diesen Gründen wird die Vermittlung einer positiven *Customer Experience* allgemein als wichtiges Handlungsfeld betrachtet. Die *Customer Experience* umfasst jede Phase des Kauferlebnisses vom ersten Kontakt mit der Marke beziehungsweise dem Produkt, einschließlich der Kaufhandlung und der anschließenden begleitenden Maßnahmen.

Die *Customer Experience* ist von der Bezeichnung der *Customer Journey* begrifflich abzugrenzen. Die Customer Journey ist ein Begriff aus dem Marketing und bezeichnet alle Zyklen, die ein Kunde typischerweise beim Online-Kauf durchläuft, bis er die Kaufentscheidung trifft. Die Berührungspunkte mit der Marke werden hierbei als so genannte *Touchpoints* bezeichnet.

12.6 Nicht alles ist immer sachlich – leider!

Viele Jungunternehmer haben eine großartige Geschäftsidee und scheitern trotzdem. Wieso? Leider sind nicht immer alle Entscheidungen des Abnehmers sachlich und rational begründbar. Vielleicht ist der Gründer überzeugt, dass sein neues, innovatives Produkt seiner Zielgruppe viel Geld und Zeit ersparen könnte. Dennoch kann es sein, dass der Kunde aus den verschiedensten Gründen nicht „anbeißt": „Das haben wir immer schon so gemacht.", „Das ist mir zu kompliziert." (auch wenn es nicht schwierig ist), „Die Umstellung auf einen neuen Lieferanten ist zu aufwendig." „Von unserem jetzigen Lieferanten bekommen wir immer einen tollen Adventskalender." Dies ist nur eine kleine Auswahl an Begründungen, die einem Neu-Anbieter begegnen können.

Am Ende bleibt dem Unternehmer nichts anderes übrig, als auch diese Erwägungen in seine Vertriebsstrategie mit einzubauen und für sein Produkt und seine Dienstleistung noch überzeugendere Vorteile einzuplanen.

12.7 Der Vertrieb ist Chefsache

Gerade in der kritischen Gründungsphase der ersten zwei Jahre sollte der Gründer nach meiner Erfahrung selbst „an die Front" der Kundenakquise gehen. In der Regel ist ein Jungunternehmer von seiner Geschäftsidee, seinem Produkt oder seiner Dienstleistung zutiefst überzeugt. Wäre er dies nicht, so hätte er sich wohl kaum auf das riskante Spiel einer Unternehmensgründung eingelassen. Im Gespräch mit potenziellen Kunden erfährt er jedoch, was die aktuellen, tatsächlichen Bedürfnisse seiner Abnehmer sind. Vielleicht setzt das Unternehmen im Vertrieb auf bestimmte Eigenschaften des Produkts, doch es stellt sich heraus, dass diese Merkmale nicht die erwartete Bedeutung für die Abnehmer haben.

Auch mit mehr als zwanzig Jahren Erfahrung als Inhaber begebe ich mich jeden Tag in den direkten Kontakt mit den Mandanten, da ich bei vielen Abschlussgesprächen meiner Kanzlei selbst anwesend bin. Auf diese Weise erhalte ich ein direktes Feedback zu der von meinen

Mitarbeitern geleisteten Arbeit und ich kann mich der Zufriedenheit meiner Kunden vergewissern. Außerdem erfahre ich, was diese zurzeit beschäftigt. Die Erkenntnisse, die ich durch dieses ständige Feedback gewinne, lasse ich anschließend in meine Führungsstrategie einfließen.

Praxisbeispiel: Die fachliche Kompetenz in Hinsicht auf die Abnehmer

Als Steuerberater habe ich die Zusatzqualifikation „Landwirtschaftliche Buchstelle" erworben. Im Rahmen einer Prüfung bei meiner Berufskammer musste ich nachweisen, dass ich über spezielle Kenntnisse im land- und forstwirtschaftlichen Bereich verfüge. Ich schätze diese Mandanten aus diesem Bereich sehr, vor allem, weil ihnen ein kurzfristiges Gewinnmaximierungsdenken fremd ist. Vielmehr denken sie zeitlich in Ernteperioden bzw. Generationen.

Vor mehreren Jahren kamen vier junge Männer zu mir, die sich im Bereich Landmaschinenhandel und -Reparatur selbstständig machen wollten. Alle vier stammten aus bäuerlichen Betrieben, sind also auf einem Bauernhof groß geworden. Ihr USP sollte sein, dass sie mit ihrem Fachwissen besser als die anderen Anbieter wissen, was die Landwirte wirklich benötigen. Die Gründer haben sich im Rahmen des Unternehmens jeweils eines der folgenden Geschäftsfelder als Verantwortlicher zugewiesen:

- Landmaschinenhandel
- Forstmaschinenhandel
- Reparaturen
- Handel und Reparatur privater Gartengeräte

Die vier Gründer haben mit einer, ganz auf ihre Zielgruppe abgestimmten Marketing-Maßnahme begonnen: sie sind mehrere Wochen umhergereist und haben Landwirte besucht, mit Ihnen geredet und vor allem viel zugehört, um herauszufinden, was diese brauchen. Sie sind mit Ihnen auf die Felder gefahren, in die Wälder gegangen, haben die vorhandene Technik besichtigt und erhielten von den Herstellern der Maschinen Probegeräte zur Verfügung gestellt. Das war natürlich eine „Ochsentour" für die vier. Sie haben viel Geld investiert in diesen Monaten. Weiterhin haben sie viel Zeit in diese Gespräche investiert, mit denen zunächst kein Geld verdient war. Schon während dieser „Anlaufphase" hat sich herausgestellt, dass die meisten Landwirte mit dem Angebot und der Leistung der großen Landmaschinenhändler unzufrieden waren. Viel zügiger als geplant musste demnach die Werkstatt in einer ehemaligen Hofstelle eines Gründers eingerichtet werden. Innerhalb von wenigen Wochen waren die Werkstatttermine auf Monate vergeben und der Handel florierte. Von den

> großen Mitbewerbern konnten sie einige Mitarbeiter abwerben. Heute arbeitet die Firma äußerst erfolgreich in einem selbst errichteten Gewerbebau mit etwa zehn Mitarbeitern. Lediglich der Geschäftsbereich „private Gartengeräte" wurde aufgegeben, weil er zu wenig Marge abwarf. Gegen das Angebot der großen Baumarktketten kann man einfach nicht antreten.
>
> **Ergebnis:**
> Expertise in dem, was der Kunde macht und braucht ist für eine nachhaltige Kundenbeziehung unerlässlich. Deswegen ist ein fundiertes Wissen und eine Fortbildung in diesem Bereich unerlässlich, ebenso, wie der Kontakt zum Kunden, um seine speziellen Anforderungen zu prüfen. Die zeitliche und finanzielle Investition zahlt sich dabei fast immer aus. Wegen der sich ständig und immer schneller ändernden Kundenbedürfnisse ist lebenslanges Lernen unverzichtbar.

12.8 Zwischenfazit

Ein erfolgreicher Vertrieb ist nur möglich, wenn der Selbstfindungsprozess des Unternehmens vollständig abgeschlossen ist und der Unternehmer von seinem Produkt in Kenntnis der Bedürfnisse seiner Zielgruppe – überzeugt ist. Bereits bei der Entwicklung des Produkts sollte die Marktrelevanz stets berücksichtigt werden. Was will der Abnehmer? Wie soll der Kunde auf das Produkt oder die Dienstleistung aufmerksam gemacht werden?

Bevor eine Vertriebsstrategie entwickelt wird, muss die Zielgruppe definiert und analysiert werden. Ein erfolgreicher Vertrieb basiert zudem auf einem überzeugenden Alleinstellungsmerkmal/USP, das die entsprechende Zielgruppenorientierung aufweist. Hierbei sollte das Produkt oder die Dienstleistung stets eine Lösung zu einem bestehenden Problem des Kunden bieten. Nach meiner Erfahrung ist es zudem in den ersten zwei kritischen Gründungsjahren empfehlenswert, den Vertrieb zur „Chefsache" zu machen, damit dieser ein unvermitteltes Feedback von seinen Kunden erhält.

13

Schritt 8: Die prozessualen Kompetenzen – Abnehmer

Als Gründer möchte man, die innerbetrieblichen Abläufe von Anfang an möglichst reibungslos gestalten. Dieses Kapitel behandelt die Prozessoptimierung auf dem Gebiet des Vertriebs. Es stellt dem Leser typische Vertriebshemmnisse vor und erläutert, wie man diese vermeiden oder beseitigen kann. Außerdem untersucht dieses Kapitel verschiedene, gängige Methoden zur Prozessoptimierung wie beispielsweise *Total-Quality-Management* (TQM), *Lean Management, Kaizen, Six Sigma* sowie andere Ansätze.

13.1 Frühe Marktforschung für Gründer

Im Rahmen meiner Gründungsberatung treffe ich immer wieder auf Jungunternehmer, die ihr Produkt in der Überzeugung entwickeln, dass sie die einzigen Anbieter auf dem Markt sind. Oft hört sich der Jungunternehmer in der Anfangsphase ein wenig um und googelt das

Produkt, um zu dem Schluss zu gelangen, dass dieses noch nicht auf dem Markt existiert. Anschließend zieht er sich zurück und tüftelt einige Monate an der Produktentwicklung. Ist diese schließlich fertig gestellt, widmet er sich voller Vorfreude der Zielgruppenanalyse, nur um möglicherweise dann zu diesem späten Zeitpunkt mit Schrecken festzustellen, dass sich bereits mehrere Anbieter auf dem Markt befinden. Diese Vorgehensweise ist natürlich fatal, aber leider gar nicht so selten.

Aus diesem Grund sollte die Zielgruppenanalyse immer gleichzeitig mit der Produktentwicklung vorgenommen werden. Nur wenn man sich intensiv mit der Zielgruppe befasst und mit dieser im direkten Gespräch befindet, erfährt man wirklich, welche anderen Lösungen auf dem Markt existieren – oder eben nicht.

13.2 Falscher Perfektionismus als Gründer

Falscher Perfektionismus ist ein weiteres Phänomen, das mir immer wieder in der Gründungsberatung begegnet. Den richtigen Zeitpunkt zu finden, zu dem man mit dem Produkt oder der Dienstleistung auf den Markt geht, ist natürlich eine diffizile Entscheidung. Sicherlich sollte das Produkt genügend ausgereift sein, bevor man den Marktantritt wagt. Doch manche Gründer warten zu lange und scheuen sich vor dem „Schritt ins Rampenlicht". Stattdessen wird das Projekt weiter optimiert, obwohl diese letzten Funktionsverbesserungen für den Nutzer möglicherweise gar keine große Bedeutung besitzen. Verschleppt man aber den Marktantritt auf diese Weise, kann dies schnell dazu führen, dass dem Unternehmen das Geld ausgeht, bevor es überhaupt den Vertrieb richtig gestartet hat.

13.3 Realistische Ziele setzen

Auch im Vertrieb sollte ein Gründer sich realistische Ziele setzen und diese regelmäßig überprüfen. Das Definieren von Verkaufszielen ist allerdings immer schwierig, da die gewählten Zahlen gerade in der

Anfangsphase rein hypothetisch sind. Falls es der Unternehmenszweig erlaubt, ist es in der Regel hilfreich, die potenziellen Kunden aufzulisten, die es in einem bestimmten Zeitraum zu besuchen gilt. Wie viele dieser Abnehmer hofft man für das eigene Produkt gewinnen zu können? Anschließend gleicht man die Schätzung mit den tatsächlichen Verkaufszahlen ab und evaluiert die zukünftige Verkaufsschätzung auf Basis der aktuellen Daten neu, insofern diese aussagekräftig sind.

Leider betreiben viele Gründer eine Art „Vogel Strauß" Politik: sie vermeiden es auf die Verkaufszahlen sofort zu reagieren, wenn diese hinter den Erwartungen zurückbleiben und leiten damit das Scheitern eines Unternehmens ein. Stattdessen sollte der Jungunternehmer die Vertriebsstrategie möglichst rasch anpassen, indem er beispielsweise zusätzliche Marketing-Maßnahmen ergreift, die Aktivität erhöht oder neue Vertriebswege erschließt.

Nur wenn die zuvor gesetzten Ziele und Zwischenziele auch insgesamt erreichbar sind, wird es dem Unternehmen gelingen, die kritische Anfangsphase erfolgreich zu überwinden.

13.4 Finanzierung

Gerade der Vertrieb ist bei vielen Gründungen unterfinanziert, da viele Jung-Unternehmer zu optimistisch planen. Auch bei einem hervorragenden Produkt ist immer mit Widerständen zu rechnen, da der Abnehmer den Gebrauch eines bisherigen Produkts häufig auch dann fortsetzt, wenn dieses im Qualitätsvergleich schlechter abschneidet, der Kunde sich aber an das Produkt gewöhnt hat.

Aus diesem und vielen weiteren Gründen sollte ein **realistisches** Vertriebsbudget bereits im Businessplan bedacht werden. Bevor man dem Kunden das Produkt verkaufen kann, muss er von diesem erstmal erfahren. Entsprechend sollte für das Marketing das entsprechend angemessene Budget vorhanden sein. Grundsätzlich ist es nicht realistisch, mit einem Außenvertrieb zu kalkulieren, der auf Provisionsbasis arbeitet. Ein Vertrieb, der etwas kann und etwas auf sich hält, wird sich kaum für ein unbekanntes Produkt auf dieses Vergütungsmodell einlassen.

13.5 Neue Vertriebswege

Ein Gründer sollte sich mit allen möglichen Vertriebswegen beschäftigen, diese erkunden und testen. Suchmaschinenoptimierung (SEO, *Search Engine Optimation*) und Suchmaschinenmarketing (SEM, *Search Engine Marketing*) sind zwar äußerst beliebt, aber bei Weitem nicht die einzigen Vertriebsmöglichkeiten. Affiliate, White-Label, Großhandel, Einzelhandel, Vertrieb über Plattformen, Kooperationen, verhaltensbasierter Newsletter gehören beispielsweise zu den anderen Wegen, die erwähnenswert sind.

Grundsätzlich sollte jeder Unternehmer sich mit allen ihm zu Verfügung stehenden Vertriebswegen bereits während der Produktentwicklung nachhaltig auseinandersetzen, damit er diese bei seinem Vertriebsstart optimal nutzen kann.

13.6 Verschiedene Prozessoptimierungsmethoden: von radikal bis sukzessiv

Zur Prozessoptimierung von Unternehmen besteht eine Vielzahl von verschiedenen Methoden und Ansätzen auf dem Markt, die in sogenannte radikale und sanfte beziehungsweise sukzessive Methoden unterteilt werden. Ein Beispiel für eine radikale Methode wäre das *BPR – Business-Process-Reengineering*. Dieser Ansatz folgt dem von Michael Hammer und James Champy in den 1990er-Jahren geprägten Begriff, der eine radikale Umstrukturierung des Unternehmens zu einer prozessorientierten Organisation vorsah. Bei dieser Methode wurde der Abnehmer in den Mittelpunkt gestellt, um auf diese Weise eine Optimierung von 30 % der Kosten, der Zeit, der Qualität und dem Service zu gewinnen. Mittlerweile wird allerdings bezweifelt, ob die Methode die anvisierten Ziele wirklich erreichen kann. Zudem wurde die fehlende Ganzheitlichkeit dieses Ansatzes bemängelt, der zu einer starken Konzentrierung auf bestimmte Teilbereiche des Unternehmens führen kann.

Heute werden sanfte/sukzessive Methoden zur Prozessoptimierung gegenüber radikalen Ansätzen bevorzugt. Diese sanften Umstrukturierungen erfolgen nicht direktiv von oben nach unten, sondern werden durch das gesamte Unternehmen getragen. In den nachfolgenden Abschnitten werden vier sukzessive Methoden kurz vorgestellt. Die verschiedenen Ansätze schließen einander übrigens nicht aus, sondern werden häufig in Kombination angewandt, um eine möglichst hohe Effizienz zu entfalten.

13.6.1 Lean-Management

Das so genannte *Lean-Management* wird häufig als „schlankes Management" übersetzt. Der Ansatz beinhaltet eine prozessorientierte Unternehmensführung, die auf eine hohe Effizienz und eindeutige Definition der Prozesse und Abläufe setzt. Der Begriff „Lean Management" ist eine Weiterentwicklung der Bezeichnung *Lean-Production*, die von Daniel T. Jones und Daniel Roos nach einer umfassenden Vergleichsstudie des MITs (*Massachussetts Institute of Technologie*) über die Unterschiede in den Entwicklungs- und Produktionsbedingungen der Automobilindustrie westlicher und japanischer Automobilhersteller geprägt wurde.

Anhand des *Lean-Managements* versucht man, die Vergeudung von Ressourcen zu minimieren, Überflüssiges zu beseitigen und Prozesse insgesamt so zu optimieren, dass sie perfekt ineinandergreifen. Sämtliche Kommunikationswege sollen hiernach logisch und klar verlaufen, während alle Verantwortlichkeiten eindeutig geregelt sind.

Um dies zu erreichen, spezifiziert man zunächst den Wert des Produkts. Im nächsten Schritt wird der Wertschöpfungsstrom für jedes Produkt identifiziert und ein unterbrechungsloser Verlauf des Produktwerts hergestellt. Mit einer anschließenden Pull-Distributionsstrategie[1] wendet man sich direkt an den Endkunden, dessen Bedürfnis an dem Produkt so geweckt werden soll.

---

[1] Mit der Pull-Strategie versucht der Hersteller den Verbraucher zu erreichen, der ein Produkt kaufen soll. Hierfür baut der Unternehmer ein Image bzw. einen Bekanntheitsgrad für das Produkt auf und übt über den Verbraucher Druck auf den Handel aus, indem der Kunde dort das Produkt verlangt. Bei einer entsprechend hohen Nachfrage entschließt sich der Handel, das Produkt in sein Sortiment aufzunehmen.

13.6.2 Total-Quality-Management (TQM)

Die *Total-Quality-Management* (TQM) – Methode soll eine dauerhafte Verfahrens- und Prozessoptimierung bewirken. Im Kern zielt die Methode darauf, die Marktführerschaft für alle Produkte und Dienstleistungen des Unternehmens zu erlangen. Als geistiger Vater dieses Ansatzes gilt der amerikanische Physiker, Statistiker und Pionier des Qualitätsmanagements William E. Deming. In seiner Heimat, den USA, fand die Methode jedoch wenig Eingang, stattdessen wurde sie vor allem in der japanischen Autoindustrie gewürdigt, implementiert und fortentwickelt.

Streng genommen ist TQM keine Methode, sondern bündelt bereits vorhandene Management-Teilsysteme (wie z. B. Qualitätsmanagement, Personalmanagement etc.), Qualitätstechniken und sonstige Methoden, um die Prozessoptimierung zu erzielen. Anhand von TQM soll eine dauerhafte, ununterbrochene/durchgängige und die Gesamtheit des Unternehmens erfassende Qualitätskontrolle erreicht werden, die ein bestimmtes Qualitätsziel anhaltend garantiert. Hierbei steht der Begriff „Total" für die Ganzheitlichkeit und „Quality" für die Produkt-, Prozess-, Führungs- und Personal-Qualität (sowie die Qualität der Außenbeziehungen). „Management" bezeichnet die Umsetzung und Koordination sämtlicher Aufgaben unter Beachtung der Zeit-, Kosten- und Funktions-Anforderungen.

13.6.3 Six Sigma

„Six Sigma" ist ein Qualitätsmanagement-Ansatz, der in den 1980er-Jahren bei der Firma *Motorola* entwickelt wurde. Ihren Namen erhielt die Methode durch Jack Welsch, der in den 1990er-Jahren anhand dieser Methode eine grundlegende Umstrukturierung bei *General Electric* vornahm. Anhand dieser Methode versucht man, eine Verbesserung der Qualität bei gleichzeitiger deutlicher Senkung der Kosten und Steigerung der Kundenzufriedenheit zu erreichen. Insbesondere wird anhand der Methode ein Qualitätsniveau von 99,99966 % angestrebt.

Um diese zu erreichen, werden fünf Verbesserungsprozesse – auch DMAIC-Cyclen genannt – angewandt. DMAIC steht für *Define, Measure, Analyze, Improve* und *Control* (siehe Abb. 13.1).

DEFINE	Was genau ist das Problem? Wie groß ist diese? Welches Ziel wird angestrebt?
MEASURE	Welche Prozessauswirkungen sind für das Problem verantwortlich? Welche Performance liegt vor?
ANALYSE	Was sind die (signifikanten, kausalen) Kernursachen für das Problem?
IMRPOVE	Wie lässt sich das Problem beseitigen?
CONTROL	Wie wird die Nachhaltigkeit sichergestellt und verankert?

Abb. 13.1 Die 5 Phasen des Six-Sigma Verbesserungsprozesses

Eine Besonderheit dieses Ansatzes ist, dass *Six Sigma* nicht von allen Mitarbeitern angewendet werden kann, sondern von speziell ausgebildeten Mitarbeitern durchgeführt wird, die einen Ausbildungslehrgang auf verschiedenen Niveaustufen (Yellow, Green, Black, Master Black Belt) absolviert haben

Das sogenannte „Lean Sigma", eine Weiterentwicklung des „Six Sigma", vereint Grundsätze des „Lean-Managements" und des „Six Sigma".

13.6.4 Kaizen

Kaizen ist ein Managementkonzept aus der japanischen Stückgutproduktion. Es beinhaltet ein konsequentes Innovationsmanagement und bedeutet „Verbesserung". Der Begriff setzt sich aus den japanischen Begriffen Kai = „Veränderung" sowie Zen = „zum Besseren" zusammen. Kaizen ist eine Unternehmensphilosophie, die durch alle Beteiligten getragen werden muss und die einen kontinuierlichen Verbesserungsprozess anstrebt. Dieser Ansatz wurde hier zu Lande etwa in der Mitte der 1980 Jahre durch die Buchveröffentlichung *„Kaizen: The Key to Japan's Competetive Success"* von *Masaaki Ima* bekannt.

Folglich ist Kaizen ein dauerhafter Prozess und keine einmalige Maßnahme. Um einen nachhaltigen Prozess zu erreichen, sollten alle Unternehmensbereiche einschließlich der Führung in den Kaizen-Prozess mit einbezogen werden. Im Kern beinhaltet dieser Prozess Teamarbeit: in kleinen Gruppen beziehungsweise Qualitätszirkeln werden die Abläufe regelmäßig gemeinsam durch die Mitarbeiter und Führung analysiert, diskutiert, bewertet und optimiert und ähneln somit dem in Kap. 10 beschriebenen Prozessoptimierungsprozess. Darüber hinaus stehen weitere, vielfältige Werkzeuge zur Verfügung. Um den Kaizen-Prozess vornehmen zu können, müssen ein mitarbeiterorientiertes Management, ein betriebliches Vorschlagwesen, ein Qualitätsmanagementsystem und Prozessorientierung als Fundament in dem betreffenden Unternehmen vorhanden sein.

13.6.5 Methodenmix

Wie bereits oben erwähnt, können die verschiedenen Prozessoptimierungsansätze miteinander kombiniert werden, um eine bestmögliche Wertschöpfung zu erzielen. Für kleine Unternehmen ist vielleicht das Kaizen am geeignetsten, um ohne großen Aufwand und externe Dienstleister in das Unternehmen implementiert zu werden.

Grundsätzlich ist es empfehlenswert, sich so früh wie möglich mit Prozessoptimierung zu beschäftigen. Auf diese Weise kann man nicht nur viel Zeit und Geld sparen, sondern auch von Anfang an verhindern, dass sich Ineffizenzen in die Abläufe einschleichen, die später vielleicht nur mit Mehraufwand beseitigt werden können. Egal für welche Methode der Prozessoptimierung Sie sich entscheiden, diese sollte immer durch das ganze Unternehmen mitgetragen werden.

13.7 Kundenzufriedenheitsmessung

Die Kundenzufriedenheit (siehe Abb. 13.2) bildet die die Grundlage einer langfristigen Kundenbindung. Ein zufriedener Kunde kauft bei dem betreffenden Unternehmen wieder ein, ein unzufriedener eben nicht. Wer wissen möchte, wie es mit der Kundenzufriedenheit tatsächlich

Abb. 13.2 Kundenzufriedenheitsmessung

bestellt ist, kann diese messen lassen. Die einfachste Messmethode ist bei kleinen und mittelständischen Betrieben das direkte Gespräch mit dem Kunden, mit der Bitte um Feedback. So halte ich es in meiner Kanzlei seit vielen Jahren: bei jedem Abschlussgespräch mit dem Mandanten holen wir sein Feedback zu unserer Leistung ein. Diese Methode ist zwar subjektiv, da sie das Empfinden des Kunden in den Mittelpunkt rückt, aber aus meiner Sicht für Unternehmen dieser Größe dennoch effizient. Als subjektive Methoden gelten beispielsweise die *Face-to-Face* Befragung, schriftliche Befragungen, Telefoninterviews und Online-Befragungen.

> **Praxisbeispiel: Die prozessuale Kompetenz in Hinsicht auf die Abnehmer**
>
> Neben meiner Tätigkeit als Steuerberater bin ich auch als Dozent an einer privaten Hochschule tätig. Dort unterrichte ich im Studiengang Modemanagement das Fach Managementlehre. Immer wieder durfte ich an meiner Hochschule beobachten, wie sich Studierende mit einer Geschäftsidee im Bereich Mode selbstständig machten. So erging es auch einer Gruppe von drei Studierenden, die sich auf die Herstellung und den Vertrieb eines Accessoires-Artikels im Internet spezialisiert haben. Die drei Gründer kamen zu mir, als das Unternehmen schon wieder geschlossen wurde – sechs Monate nach der Eröffnung.

> Dabei hatte alles sehr gut angefangen. Die Drei haben eine sehr ansprechende Homepage mit Webshop aufgebaut und über allerlei Vertriebskanäle ein gutes Marketing aufgesetzt. Das Produkt war wirklich neu und innovativ, es wurde vom Markt entsprechend schnell aufgenommen. Produziert wurden die Artikel in China, der Versand von dort nach Deutschland dauerte mehrere Wochen. Da die Bestellungen in den ersten Wochen nach Gründung exponentiell wuchsen, kamen die Gründer mit der Belieferung der Kunden nicht mehr hinterher. Die Kunden wurden vertröstet und in China entsprechend höhere Mengen des Artikels geordert. Als die Lieferungen aus China endlich ankamen, wurden sie umgehend an die wartenden Kunden weitergeleitet – leider auch ungeprüft, denn diese Artikel waren fast ausnahmslos fehlerhaft. In der Folge kamen innerhalb von zwei Wochen hunderte von Rücksendungen mittlerweile verärgerter Kunden, die natürlich berechtigterweise ihr Geld zurück haben wollten. Darauf war das Unternehmen überhaupt nicht eingestellt, innerhalb kürzester Zeit herrschte Chaos in den Räumen der Firma, weil sich die Pakete stapelten und oft eine Zuordnung der Rücksendungen zu den Kunden nicht mehr möglich war. Bemühungen der Gründer, das Geld vom chinesischen Produzenten zurückzuerhalten, schlugen fehl. Dieser führte an, man hätte die Produktionsfehler vor dem Versand an die Kunden bemängeln müssen.
>
> Mit Tränen in den Augen erzählten mir die Drei bei einem Kaffee in der Hochschulmensa, dass sie nun zum einen auf einem Berg fehlerhaft produzierter Artikel säßen, zum anderen aber auch auf einem ansehnlichen Berg an Schulden, den sie die nächsten Jahre abbezahlen müssen. Da sie die Rechtsform einer GbR gewählt haben, müssen sie für diese Verbindlichkeiten persönlich einstehen. Den einzigen Trost konnte ich Ihnen als Steuerberater geben: Die entstandenen Verluste können Sie mit zukünftigen positiven Einkünften aus ihrer Anstellung verrechnen – denn selbstständig wollten sie sich zunächst nicht mehr machen.
>
> **Ergebnis:**
>
> Gerade Gründer sollten in Phasen starken Wachstums darauf achten, dass sie über alle Prozessphasen den Überblick halten. Auch wenn es schmerzlich ist, kann ein Hinweis „ausverkauft" im Webshop besser sein, als Bestellungen anzunehmen die man nicht ordnungsgemäß ausführen kann. Als Gründer darf man gerne mal 120-%ig arbeiten, aber man darf sich zu keinem Zeitpunkt überfordern.

Für größere Unternehmen wird eine Vielzahl von verschiedenen objektiven Methoden angeboten, die die Zufriedenheit an bestimmten, überprüfbaren Parametern messen. Zu diesen objektiven Methoden zählen beispielsweise der *Customer Satisfaction Score* (CSAT), bei dem die Kunden ihrer Zufriedenheit entsprechende Punkte vergeben oder der *Net*

Promoter Score (NPS), bei dem die Kunden bewerten, ob sie das Unternehmen weiterempfehlen würden. Für den *Customer Effort Score* (CES) werden die Serviceleistungen des Unternehmens sowie die Qualität des Produkts in sieben Abstufungen bewertet. Eine weitere Methode wäre *Things go wrong*, bei der die Anzahl der eingegangenen Beschwerden gezählt werden. Die Liste der hier aufgeführten Methoden zur Messung der Kundenzufriedenheit ist selbstverständlich keineswegs abschließend, so dass Unternehmern eine Vielzahl weiterer Systeme zur Verfügung steht.

13.8 Zwischenfazit

Um den Erfolg des Unternehmens sicherzustellen, sollte das Stakeholder-Management in Hinblick auf die Abnehmer auch in prozessualer Hinsicht optimiert werden. Aus diesem Grund sollten Jungunternehmer auf keinen Fall zu lange im stillen Kämmerchen ihr Produkt oder ihre Dienstleistung entwickeln, nur um dann festzustellen, dass das Produkt in ähnlicher Weise vielleicht schon auf dem Markt existiert oder nicht den Bedürfnissen der Kunden entspricht. Falscher Perfektionismus wird für den Unternehmenserfolg schnell gefährlich, wenn zu lange Produkteigenschaften optimiert werden, die für den Abnehmer keine hohe Bedeutung haben.

Der Vertrieb eines Unternehmens kann nur dann erfolgreich verlaufen, wenn der Führende klare Ziele setzt, diese überprüft und die Vorgehensweise bei Abweichungen in den Verkaufszahlen entsprechend anpasst und eine ausreichend dicke Finanzdecke vorhanden ist.

Für die Prozessoptimierung stehen eine Vielzahl verschiedener Methoden wie beispielsweise *Kaizen*, *Total-Quality-Management* (TQM), *Six Sigma* oder *Lean Management* zur Verfügung, die auch kombiniert einsetzbar sind. Im Kern zielen viele Methoden auf eine Steigerung des Qualitätsmanagements bei gleichzeitiger Herstellung einer dauerhaften, durchgängigen Wertschöpfungskette, bei der alle Positionen und Verantwortlichkeiten eindeutig festgelegt sind. Alle Prozessoptimierungsmaßnahmen sollten immer von dem gesamten Unternehmen getragen werden. Zudem sollten Gründer weder sich selbst noch einen Bereich der Wertschöpfungskette jemals überfordern.

14

Schritt 9: Die interpersonellen Kompetenzen – Abnehmer

Wenn Du nicht zuhörst, verkaufst Du auch nichts.
Caroline Marland (1925)

Welche zwischenmenschlichen Fähigkeiten sind insbesondere im Vertrieb unverzichtbar?

Dieses Kapitel behandelt das Stakeholder Management der Abnehmer unter dem Gesichtspunkt der interpersonellen Kompetenzen. Es werden die Bedeutung der Wertschätzung und Fähigkeit zum aktiven Zuhören erörtert, typische Fehler im Kundenkontakt durch Mitarbeiter im Außendienst besprochen, der Sonderfall der Kundenbeschwerde untersucht und die Notwendigkeit eines systematischen Beschwerdemanagement erläutert.

14.1 Wertschätzung und aktives Zuhören im Vertrieb

Wer seine Kunden an das Unternehmen binden möchte, sollte Wertschätzung und aktives Zuhören im Umgang praktizieren. Wer allein auf die grandiosen Eigenschaften des Produkts oder der Dienstleistung vertraut, könnte eine überraschende Bruchlandung erleben: aus Kundensicht besitzt neben der Produktqualität der zwischenmenschliche Kontakt eine gleichwertige Bedeutung. Auf diese Weise wird aus Wertschätzung Wertschöpfung.

Die Kundenwertschätzung sollte in allen Phasen der Leistungserbringung erfolgen. Dies gilt insbesondere auch im Fall der Beschwerde (siehe Abschn. 14.4 ff.). Wertschätzung zeigt sich beispielsweise in der Freundlichkeit, Herzlichkeit und Aufgeschlossenheit im direkten Gespräch mit dem Kunden. Außerdem sollte sich der Kunde stets willkommen geheißen fühlen. Freundliches Grüßen, das Verwenden der Worte „Danke" und „Bitte", Höflichkeit und Pünktlichkeit sind ebenso wichtig wie kurze Wartezeiten oder schnelle Reaktionszeiten.

Eine positive Gestaltung des für den Kunden zugänglichen Unternehmensbereichs kann ebenfalls als weiterer Ausdruck der Wertschätzung aufgefasst werden und gehört zu der in Kap. 12 beschriebenen *Customer Experience*, die für den Kunden insgesamt als positiv gestaltet sein sollte. Die Fähigkeit zum aktiven Zuhören ist das wesentliche Fundament, um die Wünsche des Kunden erfassen, verstehen und entsprechend umsetzen zu können.

14.2 Durchhaltevermögen

Vertrieb ist oft durch Schwierigkeiten, Enttäuschungen und Widerstände geprägt. Man braucht Biss, um sich nicht entmutigen zu lassen und auch angesichts von Rückschlägen das Erreichen der Vertriebsziele weiter zu versuchen. Diese Art Durchhaltevermögen ist eine essenzielle Fähigkeit, über die Mitarbeiter im Außendienst oder Vertrieb verfügen sollte, da sie im täglichen Einsatz „an der Vertriebsfront" unverzichtbar ist.

14.3 Typische Außendienstfehler

Nur wer dem Kunden zuhört, wird diesem auch etwas verkaufen können. Leider wird im Außendienst noch immer häufig mehr gesprochen als zugehört. Immer wieder überschütten Vertriebler die Kunden gerne mit Fachvorträgen, die für diesen wenig Nutzen haben. Gerade Mitarbeiter aus der Entwicklung eines Projekts sind nicht immer für den direkten Kundenkontakt geeignet, da sie sich zu tief im Entwicklungsprozess befinden. Hierdurch entsteht ein gewisser Tunnelblick, mit dem ein Entwickler alle von ihm mühsam erarbeiteten *Features* des Produkts erwähnen möchte und für diese auch noch Beifall erwartet. Ein begabter Vertriebler schlägt aber den genau umgekehrten Weg ein und erkundigt sich, zu welchem Problem der Kunde eine Lösung benötigt. Den interpersonellen Fähigkeiten und der Fähigkeit zum aktiven Zuhören sollte man daher bei der Personalauswahl eine zentrale Rolle einräumen.

14.4 Sonderfall: Beschwerde

Gerade wenn die Kommunikation nicht für alle Beteiligten erfreulich verläuft, hat man die Möglichkeit seine interpersonellen Kompetenzen zu zeigen. Beschwerden von Kunden (siehe Abb. 14.1) mögen unangenehm sein, aber sie sind ein wichtiges Feedback für das Unternehmen. In

Abb. 14.1 Sonderfall: Kundenbeschwerde

dieser Hinsicht ist es bedauerlich, dass Kundenbeschwerden vergleichsweise selten sind. Nach Schätzungen äußern nur etwa 5–10 % aller Abnehmer ihren Unmut über mangelhafte Produkte oder unzureichende Dienstleistungen und sie sind möglicherweise nur ein kleiner Ausschnitt aus einer viel größeren Zahl von Unzufriedenen.

Um Kundenbeschwerden konstruktiv zu nutzen und optimal begegnen zu können, muss man sich zunächst die Wichtigkeit jedes einzelnen Abnehmers verinnerlichen. Auf keinen Fall möchte man, dass der aufgebrachte Kunde Dritten seine negativen Erfahrungen mit dem Produkt oder Dienstleistung berichtet. Die Kundenbeschwerde ist daher als die letzte Chance des Unternehmens zu betrachten, dem Abnehmer eine positive Erfahrung zu vermitteln. Zeigt dieses im Umgang mit der Beschwerde jedoch eine „ein Kunde mehr oder weniger ist auch egal"-Mentalität wird der negative Eindruck hierdurch endgültig bestätigt.

14.4.1 Einfühlungsvermögen

Kundenbeschwerden verlangen auf Seiten der Mitarbeiter Einfühlungsvermögen und Fingerspitzengefühl. Zunächst sollte dieser dem Kunden Aufmerksamkeit schenken und sehr genau zuhören, was ihn so verärgert und ihn in seinem Anliegen unbedingt ernst nehmen. Niemand möchte einfach nur beiseite und als „unwichtig" abgetan werden – egal ob Neu- oder Stammkunde. Der Gesprächspartner sollte Empathie zeigen und sich für die widrigen Umstände entschuldigen, die dem Kunden entstanden sind. Dies ist nicht als „Schuldeingeständnis" zu werten, sondern als Ausdruck von Mitgefühl und Höflichkeit. Zuletzt sollte der Mitarbeiter sich bei dem Kunden bedanken, dass er sich die Zeit genommen hat, dem Unternehmen mit der Beschwerde ein Feedback zu geben. Das zum Ausdruck gebrachte Verständnis sollte hierbei immer glaubwürdig sein und darf nicht floskelhaft wirken.

Leider geraten viele Menschen bei Kritik – auch wenn diese gar nicht an sie persönlich gerichtet ist – sofort in eine Art „Verteidigungsmodus". Sie verhalten sich kühl und unnahbar, zeigen keinerlei Verständnis für die Nöte des Kunden, wimmeln diesen ab und verhalten sich im schlimmsten Fall sogar grob unhöflich. Wer als Unternehmen auf diese Weise reagiert, muss sich nicht wundern, wenn die Abnehmer bald ausbleiben und zur Konkurrenz abwandern.

Übrigens sollte der Mitarbeiter auch dann ruhig und verständnisvoll reagieren, wenn das Anliegen des Kunden aus Unternehmenssicht nicht ganz nachvollziehbar oder gar sachlich unbegründet ist. Ist der Kunde in diesem Fall dennoch aufgebracht, sollte man ihm mit Empathie begegnen, da er die Situation **subjektiv** als empörend erlebt. Dieses Gefühl sollte man zunächst anerkennen, bevor die tatsächliche Sachlage verständnisvoll aufgeklärt wird.

14.4.2 Entgegenkommen

Waren das Produkt oder der Service tatsächlich mangelhaft, kann man den Abnehmer häufig mit etwas Entkommen zurückgewinnen. Dies mag zunächst selbstverständlich anmuten, doch in der Praxis erntet der Kunde häufig Achselzucken für seine Beschwerde. Dies liegt zum Teil auch daran, dass die Mitarbeiter über keinerlei Handlungsbefugnisse für ein Entgegenkommen verfügen. Das ist bedauerlich, denn häufig ist es gerade der gute Wille beim Entgegenkommen, der den Kunden zum Bleiben motiviert. Hierbei geht es nicht immer um eine materielle Entschädigung, sondern um die Geste, die dem Kunden zeigt, dass er ernst genommen wird.

14.4.3 Dokumentation

Kundenbeschwerden sollten immer dokumentiert werden. Einerseits können die Notizen im Fall einer Klage durch den Kunden rechtliche Bedeutung erlangen. Außerdem kann man hierbei erfassen, ob bestimmte Kritikpunkte häufig wiederkehren. In diesem Fall sollte das Unternehmen sofort handeln und den Mangel beheben. Die Dokumentation sollte auch erfassen, welcher Mitarbeiter mit dem Kunden gesprochen hat, wie dieser mit der Situation umgegangen ist. Anhand einer Dokumentationspflicht werden die Verhaltensregeln für den Fall einer Beschwerde stärker in den Betriebsalltag implementiert und der Mitarbeiter gerät weniger in Gefahr reflexhaft zu reagieren.

14.4.4 Im Fall des Falles

Wendet sich der Kunde von dem Unternehmen ab, sollte man ihm den Weggang möglichst angenehm gestalten und ihm keine Steine in den Weg legen. Auf keinen Fall sollte man versuchen, den Kunden um jeden Preis zu halten, wenn er sich bereits zum Weggang entschlossen hat. Zu diesem Zeitpunkt können Sie sein Kundenerlebnis nur dadurch positiv gestalten, indem Sie diesen Prozess vereinfachen und möglichst kurz gestalten.

14.4.5 Systematisches Beschwerdemanagement

Damit Kundenbeschwerden im Unternehmen, durch alle Mitarbeiter gleichermaßen mitfühlend und souverän gehandhabt werden, empfiehlt es sich, ein systematisches Beschwerdemanagement einzuführen. Hierdurch verankern sie zunächst die Möglichkeit des Abnehmers, Feedback zu geben und gewährleisten gleichzeitig bestimmte Qualitätsstandards im Umgang mit Beschwerden. Mit einem Beschwerdesystem stellt der Führende zusätzlich sicher, dass der eventuelle Unmut des Abnehmers gegenüber dem Unternehmen und weniger an anderen Stellen geäußert wird.

Praxisbeispiel: Die interpersonelle Kompetenz in Hinsicht auf die Abnehmer

In und um München ist, wie in vielen anderen deutschen Städten, der Bedarf an Hotels sehr groß. Wenn sich die Übernachtungspreise aber jenseits der 100 EUR pro Nacht bewegen und der Betrieb außerhalb von München liegt, wird die „Luft dünn". Dass man bei diesem Preis ein ordentliches Zimmer, einen SPA-Bereich und ein sehr gutes Frühstück erwartet, ist selbstverständlich. Was also rechtfertigt noch einen Preis oberhalb der magischen 100 EUR?

Ein Mandant von mir ist durch eine Erbschaft an einen ansehnlichen Betrag gekommen, den er investieren wollte. Er selbst ist Diplomkaufmann und war zwanzig Jahre im Controlling eines großen deutschen Rüstungskonzerns tätig. Die Arbeit hat ihm keine Freude mehr bereitet, er fühlte sich zu weit weg von den Menschen und hatte keinen Bezug mehr zu den Produkten seines Arbeitgebers. In gewisser Weise hat ihn der Rüstungskonzern ausgebrannt.

Seine Ehefrau kommt aus einer Hoteliers-Familie und, da die Kinder nun aus dem Haus waren, haben sich beide entschlossen, ein Hotel mit besonderem Charakter zu errichten. Mit 60 Betten sollte es nicht zu groß sein, um vor allen eines zu gewährleisten: Die persönliche Betreuung. Vom Einchecken bis zum Aus-Checken sollen die Hotelgäste auf eine unaufdringliche Weise persönlich betreut werden. Das interne Motto der Gründer war: nicht nur die Erwartungen der Kunden zu erfüllen, sondern diese zu begeistern. Das funktioniert in einem Hotel, wie in jeden anderen Betrieb, dadurch, dass der Kunde Unerwartetes erhält. Beispielsweise überrascht man den Gast, in dem man ihn vom Flughafen abholt, ihm eine S-Bahnkarte besorgt, Vorlieben und Abneigungen wahrnimmt und sich diese für die nächsten Besuche merkt.

Heute hat das Hotel eine Auslastung von über 85 %, insbesondere durch Stammkunden, die bei ihren Aufenthalten, beispielsweise bei Messen, wieder sofort für das nächste Jahr buchen.

Alles bis hierher Beschriebene ist aber eher unter prozessualer Kompetenz zu subsumieren. Die Kunden meiner Mandantschaft entscheiden sich für dieses Hotelangebot, da sie dort eher als Mensch und nicht nur als Kunde wahrgenommen werden. So nimmt sich die Inhaber-Familie (mittlerweile arbeitet auch der Sohn im Hotel mit) immer die Zeit mit den Kunden zu sprechen und zu erfahren, welcher Anlass sie in das Hotel führt. Dieses authentische Interesse schätzen die Kunden sehr. Ein Großteil der Kunden muss bei dem Check-In nicht mal mehr den Namen nennen, da dieser bereits im Haus bekannt ist.

Ergebnis:
Egal in welchem Bereich ein Gründer tätig ist, der zwischenmenschliche Kontakt zu den Kunden ist von nachhaltiger Bedeutung. Der Kunde kann sehr wohl zwischen einer aufgesetzten Freundlichkeit („… es tut mir leid dass Sie warten mussten …") und einem echtem Interesse an ihm als Menschen unterscheiden. Der entscheidende Moment dabei ist die Fähigkeit, zuhören zu können – und zwar als Unternehmer und nicht der Kunde.

14.5 Zwischenfazit

Ein wertschätzender und empathischer Umgang ist ein wesentlicher Baustein der Kundenorientierung eines Unternehmens. Hierzu gehören Freundlichkeit, Herzlichkeit, Pünktlichkeit, Höflichkeit, eine offene Atmosphäre des Willkommenseins sowie kurze Wartezeiten und schnelle Reaktionszeiten. Um ein hohes Niveau im Umgang mit Feedback, Kritik oder gar Beschwerden sicherzustellen, ist es empfehlenswert ein systematisches Beschwerdemanagement zu implementieren. Vertriebsarbeit ist nicht immer einfach, daher erfordert es ein hohes Maß an Durchhaltevermögen und den Willen niemals aufzugeben. Außerdem sollten Unternehmern und Vertriebler „Menschenfreunde" sein, denn nur wer seinem Gegenüber offen und empathisch begegnen kann, wird dieses von seinem Produkt oder seiner Dienstleistung überzeugen können.

Teil V

Stakeholder-Gruppe allgemeine Öffentlichkeit

15

Schritt 10: Die fachlichen Kompetenzen – allgemeine Öffentlichkeit

Die Beziehungen zur Öffentlichkeit eines neuen Unternehmens sollten von Anfang an positiv gestaltet sein. Der Begriff Öffentlichkeit beinhaltet den Staat und die Gesellschaft, lokale und nationale Behörden, ausländische und inländische Organisationen, Interessenverbände, politische Parteien, Bürgerinitiativen und die allgemeine Öffentlichkeit. Diese Stakeholder-Gruppe stellt an das Unternehmen vielfache Erwartungen hinsichtlich seines Wettbewerbsverhaltens sowie in Hinblick auf die Umsetzung seiner Werte. Daher untersucht das Kapitel den Themenkomplex der Unternehmensethik, die in der Praxis Anwendung in der *Corporate Social Responsibility*, *Corperate Governance* und dem *Compliance Management* findet.

15.1 Vom Stakeholder-Management zur Unternehmensethik

Wie bereits zuvor erläutert erwartet die allgemeine Öffentlichkeit von einem Unternehmen die Zahlung von Steuern, das Bereitstellen von (sicheren) Arbeitsplätzen, das Erbringen von Sozialleistungen, die Einhaltung von Rechtsvorschriften und Umweltverträglichkeit, die Teilhabe an der politischen Willensbildung sowie Unterstützung kultureller, sozialer oder wissenschaftlicher Einrichtungen und Institutionen. Mit zunehmender Größe des Unternehmens wachsen die allgemeingesellschaftlichen Erwartungen. Im Kern erwartet die allgemeine Öffentlichkeit, dass sich das Unternehmen ethisch verhält und ein faires Marktverhalten zeigt.

15.2 Unternehmensethik – auch für Gründer

Unternehmensethik ist eine erforderliche Maßnahme des Stakeholder-Managements, da es zu einem positiven Unternehmensimage führt. Unter Unternehmensethik versteht man gemeinhin ein System moralischer Prinzipien, die auf die Geschäftswelt angewandt werden. Diese bieten die notwendige Vorgabe für ein akzeptables Verhalten der Organisationen. Dies gilt sowohl in Hinsicht auf die Strategieformulierung als auch für die tägliche Geschäftsabwicklung.

Im Rahmen der Unternehmensethik wird das Gewinnstreben in Ausgleich mit den berechtigten Interessen der Anspruchsgruppen gebracht. Sozial schädliches Verhalten wie beispielsweise Kinderarbeit, Korruption, Umweltverschmutzung oder Bilanzverschleierung sind daher selbstverständlich verboten. Insgesamt befasst sich die Unternehmensethik mit Fragen der ökologischen, sozialen und kulturellen Verantwortung der Organisation gegenüber der Gesellschaft. Hierbei kann die Ethik bestimmte gesellschaftliche Werte – auch und gerade unter Wettbewerbsbedingungen – in der unternehmerischen Praxis zur Geltung bringen.

Nach heutigem Verständnis steht der Mensch im Zentrum der Unternehmensethik, so dass die Führung stets als Menschenführung zu verstehen ist. Heutige Unternehmensethik wahrt das Humanprinzip und ermöglicht eine humane Arbeit, die den Raum zur Selbstverwirklichung und Selbstachtung einräumt. Darüber hinaus ist das Prinzip geringstmöglicher Umweltbelastung und Ressourcenschonung ein zentraler Bestandteil heutiger Unternehmensethik.

In der Praxis findet die Unternehmensethik Anwendung in der *Corporate Social Responsibility*, *Corperate Governance* und dem *Compliance Management*, die nachfolgend erläutert werden.

15.3 Corporate Social Responsibility (CSR)

Die freiwillige Wahrnehmung sozialer und ökologischer Verantwortung durch Unternehmen wird als *Corporate Social Responsibility* (CSR) bezeichnet. Andere Begriffe wären die unternehmerische Gesellschaftsverantwortung oder die unternehmerische Sozialverantwortung. Insbesondere auf dem Gebiet der Nachhaltigkeit bezeichnet das CSR den freiwilligen Beitrag eines Unternehmens zu einer umweltschonenden Entwicklung, der über die gesetzlichen Anforderungen hinausgeht.

Im Rahmen des CSRs geht es allein darum, auf welche Weise die Gewinne erwirtschaftet werden und nicht wie diese als Spenden oder Ähnliches verwendet werden. Hiernach soll nicht allein das Gewinnstreben im Zentrum der unternehmerischen Aktivitäten stehen, sondern das Unternehmen stellt sich der sozialen und ökologischen Verantwortung bei der Wertschöpfung und handelt entsprechend, während es gleichzeitig wirtschaftlich erfolgreich ist.

Die Europäische Kommission legte im Jahr 2001 mit dem *Green Paper* mit dem Titel „*Promoting a European Framework for Corporate Social Responsibility*" (Commission of the European Communities 2001) erstmalig konkrete Rahmenbedingungen für die gesellschaftliche Verantwortung von Unternehmen vor. In dem Text definierte sie CSR als ein System, "das den Unternehmen als Grundlage dient, auf freiwilliger Basis soziale Belange und Umweltbelange in ihre Unternehmenstätigkeit und in die Wechselbeziehungen mit den Stakeholdern zu integrieren".

Kritiker werfen dem CSR vor, dass dieses schwammig formuliert sei und dass es in der praktischen Umsetzung der Unternehmen große

Mängel gäbe. Viele Unternehmen würden das CRS nur als Imagekampagne nutzen, um ihr Unternehmen mithilfe des so genannten „Greenwashing" reinzuwaschen. Jenseits dieser schädlichen Verbrauchertäuschungen ist eine freiwillige Selbstbindung eines Unternehmens jedoch grundsätzlich begrüßenswert. Die Führung eines (Jung-)Unternehmens sollte daher die Selbstverpflichtung zum nachhaltigen Wirtschaften sehr ernst nehmen und entsprechend in die Tat umsetzen.

15.4 Corperate Governance

Corporate Governance bezeichnet die Gesamtheit aller Regeln, Richtlinien und Vorschriften, anhand derer ein Unternehmen geführt oder betrieben wird. Sowohl interne (zum Beispiel die Mitarbeiter) als auch externe Faktoren (zum Beispiel die Lieferanten) werden hierbei mit einbezogen. Im Kern umfasst die *Corporate Governance* das Steuerungssystem eines Unternehmens, wobei der Begriff unterschiedlich verwendet wird. Zu dem Steuerungssystem zählen sowohl interne Vorschriften, zum Beispiel für die Mitarbeiter, als auch externe Regeln.

Das Ziel der *Corporate Governance* ist eine gute, korrekte und rechtskonforme Unternehmensführung, mithilfe der Festlegung und Anwendung von bestimmten Grundsätzen. Diese Prinzipien können als Gesetzen, Richtlinien oder Vorschriften geregelt sein oder als unverbindliche Vorgaben, Weisungen und Absichtserklärungen existieren, die aus freien Stücken befolgt werden.

Corporate Governance ist vor allem ein Werkzeug von großen, börsennotierten Unternehmen, bei denen Interessenkonflikte zwischen der Führung und den Eigentümern beziehungsweise Aktionären auftreten können. Das Instrument der *Corporate Governance* ist eine Reaktion auf das eigennützige Verhalten einiger Top- Manager in den vorherigen Jahrzehnten, infolgedessen Fälle von überhöhten Abfindungen, Boni, Vorstandsgehältern oder gar Bilanzfälschungen auftraten. Durch die verbindlichen Grundsätze der *Corporate Governance* verpflichtet sich das Unternehmen freiwillig zum Abbau von Informationsasymmetrien, Gehaltsstrukturen für Top-Manager, Rechnungslegung und Abschlussprüfung sowie eine höhere Transparenz bei

Entscheidungsvorgängen. Für deutsche börsennotierte Aktiengesellschaften gilt seit 2002 zudem der *Deutsche Corporate Governance Kodex*, mit dem sich die Unternehmen freiwillig zu bestimmten Grundsätzen wie beispielsweise den jährlichen Geschäftsbericht verpflichten.

15.5 Compliance Management

Compliance (siehe Abb. 15.1) bedeutet übersetzt „Verhalten im Einklang mit geltendem Recht". Das *Compliance Management* zielt darauf ab, dass sich die Mitarbeiter eines Unternehmens nicht nur zu jedem Zeitpunkt rechtskonform, sondern auch im Einklang mit den Richtlinien und dem Wertesystem des Unternehmens verhalten. Die Nichteinhaltung von Werten, Vorschriften und Gesetzen kann schwere Konsequenzen nach sich ziehen, sowohl für den einzelnen als auch für das Unternehmen. Bei schweren Verstößen drohen Schadensersatzklagen, Geldstrafen oder Gewinnabschöpfungen. Der schwere Reputationsverlust und

Abb. 15.1 Regelwerk Compliance

Imageschaden, der durch Rechtsübertritte entstehen kann, führt möglicher Weise zur Abwanderung von Kunden bis hin zur Insolvenz.

Verletzt ein einzelner Mitarbeiter Recht und Gesetz, muss auch er mit schweren Auswirkungen auf sein bisheriges Leben rechnen. Dies können arbeitsrechtliche Maßnahmen bis hin zur Kündigung, Schadensersatzforderungen oder gar Geld- oder Freiheitsstrafen sein. Aus diesem Grund ist die Herstellung von *compliance* eine wesentliche Voraussetzung für den Erfolg des Unternehmens.

Compliance ist daher nicht als abstrakter Begriff zu verstehen, sondern das Unternehmen muss ein klares Regelwerk schaffen, das für alle Mitarbeiter verbindlich ist. Dies ist vornehmlich die Aufgabe der Unternehmensleitung. Die Führenden sind verpflichtet, auch durch eine Verschärfung der Rechtsfolgen von Aufsichtspflichtverletzungen im Bereich von Straftaten und Ordnungswidrigkeiten gemäß § 130 Gesetz über Ordnungswidrigkeiten (OWiG), angemessene Maßnahmen und organisatorische Vorkehrungen zur Überwachung und Sicherstellung der Einhaltung der Regeln vorzunehmen.

Die Anforderungen an dieses Regelwerk wachsen mit der Größe des Unternehmens, so dass dieses ein entsprechend systematisch aufgebautes und nachhaltig gepflegtes *Compliance-System* einrichten sollte. Ein solches *Compliance System* enthält typischer Weise Regelungen, Informationen, vorsorgliche Maßnahmen und sichert anhand von bestimmten Maßnahmen wie beispielsweise einer Dokumentationspflicht die Überwachung unternehmensinterner Vorgänge.

> **Praxisbeispiel: Die fachliche Kompetenz in Hinsicht auf die allgemeine Öffentlichkeit**
>
> Eine Vielzahl der Menschen in unserem Lande konsumiert regelmäßig Nahrungsergänzungsmittel. Diese werden nicht nur in Apotheken und Drogeriemärkten vertrieben, sondern natürlich auch über das Internet angeboten. Welcher Aufwand zu betreiben ist, bis man ein solches Produkt in Deutschland verkaufen darf, war einem von mir betreuten Existenzgründer nicht bewusst.
>
> Der junge Mann gehörte mehrere Jahre zu den Spitzensportlern und musste seine sportliche Karriere wegen eines Unfalls beenden. Die in seiner aktiven Zeit erlangten Kenntnisse bezüglich optimaler Aufnahme von

Mineralstoffen, Vitaminen, etc. wollte er im Rahmen einer Geschäftsidee verwerten. Er entwickelte ein Nahrungsergänzungsmittel speziell für extreme Ausdauersportler. Dazu hat er sich mit einer niederländischen Firma zusammengetan, die sich auf die Produktion von solchen Produkten nach Vorgabe des Auftraggebers spezialisiert hat.

Nach einigen Testwochen gab er die Produktion von mehreren tausend Einheiten des Präparats in Auftrag und bot sie in seinem Webshop zum Verkauf an.

Es dauerte nur wenige Tage, bis Anwälte der großen Pharmafirmen (diese verdienen sehr viel Geld mit Nahrungsergänzungsmitteln und beobachten ihre Mitbewerber somit genau) meinen Mandaten abmahnten, weil er nicht die für diese Produkte notwendigen Zulassungen hatte. Tatsächlich gibt es eine Menge von Vorschriften von unterschiedlichen Stellen, die beachtet werden müssen, damit solche Nahrungsmittel als verkehrsfähig eingestuft werden können. Da dieses Verfahren derart komplex ist, gibt es mittlerweile Firmen, die sich auf die Zulassung von Nahrungsergänzungsmittel spezialisiert haben. Das alles hatte mein Mandant nicht recherchiert, also nicht gewusst. Aber auch hier schützt Unwissenheit nicht vor Strafe.

Für meinen Mandanten kam diese Erkenntnis zu spät. Er musste seinen Webshop schließen und die bisher produzierten Präparate entsorgen. Einen neuen Anlauf in die Selbstständigkeit wollte er nicht mehr unternehmen. Ich persönlich fand das sehr schade, weil der Gründer in seinem Bereich des Sports und der Nahrung zweifellos ein hohes Fachwissen hatte. Zum Glück darf ich ein- oder zweimal im Jahr mit ihm eine Bergtour unternehmen, bei der er mir viel von seinem Wissen weitergibt.

Ergebnis:

Recherchieren Sie sehr gewissenhaft, welche Vorschriften bei ihrer Geschäftsidee einzuhalten sind – und davon gibt es in Deutschland sehr, sehr viele. Suchen Sie Rat bei Fachexperten, Beratern, im Internet oder bei staatlichen Stellen, bevor Sie weitreichende Entscheidungen treffen. Seien Sie sich sicher, dass ihre Mitbewerber Sie im Auge haben und im Zweifel über eine größere Rechtsabteilung verfügen als Sie als Gründer.

15.6 Zwischenfazit

Die allgemeine Öffentlichkeit erwartet von einem Unternehmen die Zahlung von Steuern, das Bereitstellen von (sicheren) Arbeitsplätzen, das Erbringen von Sozialleistungen, die Einhaltung von Rechtsvorschriften und Umweltverträglichkeit, die Teilhabe an der politischen Willensbildung sowie Unterstützung kultureller, sozialer oder wissenschaftlicher

Einrichtungen und Institutionen und dass der Betrieb ein faires Marktverhalten zeigt.

Zu dem Stakeholder-Management dieser Anspruchsgruppe gehört die Entwicklung einer eigenen Unternehmensethik, einem System ethischer Prinzipien, das sowohl in Hinsicht auf die Strategieformulierung als auch für die tägliche Geschäftsabwicklung angewendet wird. In der Praxis findet Unternehmensethik Anwendung in der *Corporate Social Responsibility*, *Corperate Governance* und dem *Compliance Management*, die nachfolgend erläutert werden.

Corporate Social Responsibility bezeichnet die freiwillige Wahrnehmung sozialer und ökologischer Verantwortung durch Unternehmen. Das Ziel der *Corporate Governance* ist eine gute, korrekte und rechtskonforme Unternehmensführung mithilfe der Festlegung und Anwendung von bestimmten Grundsätzen. *Compliance* bedeutet, in die deutsche Sprache übersetzt, „Verhalten im Einklang mit geltendem Recht". Ein *Compliance Management* gewährleistet, dass sich die Mitarbeiter des Unternehmens nicht nur zu jedem Zeitpunkt rechtskonform, sondern auch im Einklang mit den Richtlinien und dem Wertesystem des Unternehmens beziehungsweise der Unternehmensethik verhalten.

Als Gründer sollten Sie stets auf die Einhaltung aller Rechtsvorschriften achten. Nur wer sich bei der Unternehmensausübung an Recht und Gesetz hält, ermöglicht nicht nur einen langfristigen Erfolg der eigenen Gründung, sondern kann nachts auch ruhig schlafen.

16

Schritt 11: Die prozessualen Kompetenzen – allgemeine Öffentlichkeit

Der Erfolg Ihrer Gründung hängt mit von den Abläufen im Austausch mit der allgemeinen Öffentlichkeit ab. Daher sollte das Stakeholder-Management auch in prozessualer Hinsicht optimiert werden. Da die Beziehung des Unternehmens zur allgemeinen Öffentlichkeit besonders durch die externe Unternehmenskommunikation und die eigene Pressearbeit geprägt sind, werden diese Aspekte in diesem Kapitel behandelt. Ein Unternehmen sollte zudem sämtliche Interaktionen mit staatlichen Behörden optimieren und rechtzeitig vornehmen.

16.1 Der Unterschied zwischen interner und externer Kommunikation

Für Gründer ist die richtige Kommunikation ein wesentlicher Baustein des Erfolgs. Je nachdem wie sich das junge Unternehmen in dieser Hinsicht positioniert, wird es sowohl von Innen als auch Außen wahrgenommen. Im Stakeholder-Management spielt in Bezug auf die allgemeine Öffentlichkeit die unternehmerische Pressearbeit und externe Kommunikation eine wesentliche Rolle. Während die interne Kommunikation darauf gerichtet ist, die Identifikation der Mitarbeiter mit dem Unternehmen zu erhöhen, tritt die Organisation mit der externen Kommunikation nach außen.

Die externe Kommunikation zielt darauf ab, dass Unternehmen als erfolgreich und kundenorientiert darzustellen sowie vor allem das Produkt oder die Dienstleistung als eine ideale Lösung für den Konsumenten anzupreisen. Gelingt dem neuen Unternehmen eine gewinnende Außendarstellung, kann es hierdurch eine erhöhte Konkurrenzfähigkeit, neue Marktanteile und Wettbewerbsvorteile erlangen. Allerdings sollte das Unternehmen niemals Dinge versprechen, die es nicht halten kann, sondern sich zu jedem Zeitpunkt absolut glaubwürdig (siehe Kap. 17) und authentisch verhalten.

16.2 Prozessuale Anforderungen in der Kommunikation

Wie geht man als junges Unternehmen bei Kommunikation am besten vor? Wer als Gründer in diesem Bereich am Anfang Fehler macht, wird Schwierigkeiten haben, die Folgen der falschen Wahrnehmung später auszumerzen. Daher sollte die Öffentlichkeitsarbeit stets sorgfältig geführt werden und sich nicht nur in ein paar halbherzigen Pressemeldungen erschöpfen. Sowohl die interne als auch externe Kommunikation sollte stets bewusst gestaltet werden und die Unternehmenswerte widerspiegeln. Hierbei sollte immer eine **starke Kongruenz zwischen der internen und externen Kommunikation** bestehen, da das Unternehmen ansonsten sowohl nach innen als nach außen schnell an Glaubwürdigkeit verliert. Dies wäre insbesondere in der Gründungszeit fatal, da sich das Unternehmen von diesem Rückschlag eventuell nicht erholen kann. Gerade am Anfang muss alles stimmen!

Außerdem sollte die Kommunikation niemals einseitig gestaltet sein. Stattdessen sollte der Führende regelmäßig das Feedback der Mitarbeiter und Abnehmer einholen, um eventuellen Diskrepanzen frühzeitig entgegenwirken zu können. Ein gut gepflegter Presseverteiler und Kontakte zu lokalen, regionalen und landesweiten Presseinstitutionen kurbeln den Erfolg der externen Kommunikation zusätzlich stark an.

Grundsätzlich gilt: die Aufmerksamkeit der Zielgruppe ist begrenzt und wird von vielen anderen Anbietern umkämpft. Daher sollte die externe Unternehmenskommunikation strategisch konzipiert sein, für die Stakeholder-Gruppe relevante und interessante Themen identifizieren, spezifische Instrumente entwickeln und zielgruppenspezifische Werkzeuge des Storytellings einsetzen, um sich zu positionieren.

16.3 Interaktion mit staatlichen Behörden

In vielen Unternehmensbereichen müssen behördliche Genehmigungen eingeholt und/oder spezifische Rechtsvorschriften eingehalten werden. Es ist ein wesentlicher Bestandteil des Managements dieser Stakeholder-Gruppe, dass alle Rechtsvorschriften pünktlich und vollständig eingehalten werden. Informieren Sie sich daher genau, welche Anforderungen für den Geschäftsbereich Ihrer Gründung erforderlich sind.

Praxisbeispiel: Die prozessuale Kompetenz in Hinsicht auf die allgemeine Öffentlichkeit

An dieser Stelle könnte ich Ihnen als Steuerberater, der in den letzten Jahren über 500 Gründer betreut und begleitet hat, viele Beispiele geben, wie Gründer Ihren Start in die Selbstständigkeit „vermasselt" haben. Unser Staat hält zahlreiche steuerrechtliche, sozialversicherungsrechtliche, zollrechtliche, arbeitsrechtliche, etc. Vorschriften vor, die es zu beachten gilt. Wenn man diese Verpflichtungen nicht selbst wahrnehmen will, bedient man sich eines Steuerberaters, Anwalts oder anderen Beauftragten. Letztlich dienen diese Personen als Schnittstellen des Unternehmens zu den staatlichen oder halbstaatlichen Stellen, vornehmer ausgedrückt: „Organe der Rechtspflege".

Vor wenigen Monaten kam ein sehr verzweifelter neuer Mandant zu mir. Der junge Mann hat sich vor zwei Jahren im Immobilienbereich selbstständig gemacht mit einer GmbH und einem Einzelunternehmen. Beide Unternehmen liefen von Anfang an gut. Der von der Gründung weg beauftragte Steuerberater hatte es versäumt, die Unternehmen beim Finanzamt anzumelden, weshalb der Mandant über Monate keine Umsatzsteuer-Ident Nummer zugewiesen bekam, die er für die Rechnungstellung jedoch dringend benötigte. Entsprechend kam trotz der guten Aufträge monatelang kein Geld aufs Konto.

Der danach beauftragte Steuerberater konnte zwar diesen Umstand recht schnell beseitigen. Er hatte jedoch zum einen ein gesundheitliches Problem, so konnte er nur wenige Stunden in der Woche arbeiten. Zum anderen hat ihn, auch wegen seines gesundheitlichen Zustandes, das Personal nach und nach verlassen. Also blieben die Aufträge liegen. Für meinen Mandanten bedeutete dies, dass die Bilanzen und Steuererklärungen für 2016 Ende 2018 noch nicht erstellt waren. Mittlerweile lagen Schätzbescheide vom Finanzamt und Bußgeldbescheide wegen Nicht-Veröffentlichung der Bilanzen vor.

Da mein Mandant liquide war, konnte er allen Zahlungsaufforderungen nachkommen. Was sich für ihn aber dramatischer darstellte, war der Umstand, dass er sich wegen der häufigen Steuerberaterwechsel und dem damit verbundenen Zeitaufwand nicht mehr um sein eigentliches Geschäft kümmern konnte. Dies spürte er sehr bald auch am zurückgehenden Auftragseingang.

In einer aufwändigen Arbeitsaktion konnten wir für den Mandanten dann alles bereinigen und der Mandant ist dafür sehr dankbar. Wenn ich heute mit ihm in Besprechungen sitze, betont er immer wieder, dass die beiden Vor-Berater für einen Großteil seiner grauen Haare verantwortlich sind. Ich glaube ihm das gerne.

Ergebnis:

Professionalisieren Sie unbedingt die Interaktion mit allen staatlichen und halbstaatlichen Stellen und beauftragen wirkliche Profis damit. Gerade beim Start haben Aufsichtsbehörden ein besonderes Augenmerk auf Sie. Lassen Sie sich gute Berater von anderen Gründern oder bestehenden Unternehmen empfehlen. In dieser Zeit gespartes Honorar zahlen Sie mit großer Sicherheit später mehrfach auf andere Weise.

16.4 Zwischenfazit

Externe Kommunikation stärkt die Glaubwürdigkeit und Reputation eines Unternehmens. Hierbei sollte immer eine starke Kongruenz zwischen der internen und externen Kommunikation bestehen. Da die Aufmerksamkeit Ihrer Zielgruppen und Öffentlichkeit immer ein knappes Gut ist, sollte die externe Kommunikation strategisch geplant erfolgen, interessante Themen identifizieren und spezifische Instrumente entwickeln. Selbstverständlich sollten alle Rechtsvorschriften bei der Unternehmensführung eingehalten und die notwendigen Genehmigungen eingeholt werden. Scheuen Sie sich nicht für komplexe Aufgaben die Dienste von Fachexperten in Anspruch zu nehmen. Dies mag zwar zunächst einen gewissen Kostenaufwand bedeuten, der sich aber mittel- und langfristig mit viel Seelenfrieden auszahlen wird.

17

Schritt 12: Die interpersonellen Kompetenzen – allgemeine Öffentlichkeit

Welche zwischenmenschlichen Fähigkeiten benötigt ein Gründer im Austausch mit der Öffentlichkeit? Wie bereits zuvor ausgeführt, erwartet diese Stakeholder-Gruppe von dem Unternehmen die Zahlung von Steuern, das Bereitstellen von (sicheren) Arbeitsplätzen, das Erbringen von Sozialleistungen, die Einhaltung von Rechtsvorschriften und Umweltverträglichkeit, die Teilhabe an der politischen Willensbildung sowie Unterstützung kultureller, sozialer oder wissenschaftlicher Einrichtungen und Institutionen. Mit zunehmender Größe des Unternehmens wachsen die allgemein-gesellschaftlichen Erwartungen. Diese Erwartungen sollten durch das Unternehmen auch auf interpersoneller Ebene mit Glaubwürdigkeit, Dialogbereitschaft, Transparenz, Kontinuität und Fairness erfolgreich nach außen vertreten werden.

17.1 Glaubwürdigkeit

Als Gründer mag es zunächst verführerisch erscheinen, das eigene Produkt in den Himmel zu loben. Doch ein Unternehmen kann nur dann langfristig erfolgreich sein, wenn es seine Versprechen einhält. Hierunter fallen nicht nur die Produkt-, Dienst- oder Servicebeschreibungen, sondern vor allem auch die Unternehmenswerte. Werden diese Zusicherungen konsequent umgesetzt, kann dies zu einem Markenzeichen des Unternehmens werden, das wiederum für das Marketing genutzt werden kann.

In diesem Zusammenhang spielen für viele Gründer die neuen sozialen Medien eine Rolle, durch die – je nach Branche – ein großer Teil der externen Kommunikation erfolgt. Im Zeitalter der Digitalisierung lassen sich viele Behauptungen schnell überprüfen und negative Kundenrezensionen sind im Internet in Sekundenschnelle gefunden. Handeln die Mitarbeiter oder gar der Führende entgegen den Unternehmensaussagen, taucht schnell ein entsprechendes Foto oder ein Kommentar auf. Daher kann man das Vertrauen der Öffentlichkeit (und der Abnehmer) nur dann erwerben, wenn das Unternehmensverhalten und die Leistungen in Einklang mit der eigenen Kommunikation stehen. Eine erfolgreiche, vertrauensbildende Außendarstellung basiert daher wesentlich auf der Glaubwürdigkeit des Unternehmens und seiner Leitung. Letztere ist für Gründer daher überlebenswichtig.

In diesem Zusammenhang sei auch erwähnt, dass Taten immer mehr wiegen als Worte. Wer zum Beispiel auf dem Gebiet der Nachhaltigkeit richtig handelt und diesen Taten eine gelungene Kommunikation folgen lässt, setzt ein echtes Zeichen und gewinnt entsprechend an Glaubwürdigkeit.

17.2 Dialogbereitschaft

Nach meiner Erfahrung besitzen viele Gründer (und Unternehmer) häufig den Willen und die Glaubwürdigkeit, aber gelegentlich fehlt es an der Dialogbereitschaft. Gerade bei Gründern mangelt es oft an den zeitlichen

Voraussetzungen für einen fruchtbaren Dialog. Doch wie bereits im Rahmen der Stakeholder-Dialoge erörtert, ist der Wille zum Austausch eine der wesentlichen Grundvoraussetzungen des Erfolgs. Um Dialogbereitschaft zu zeigen, müssen zunächst entsprechende Kanäle für die Interaktion mit der Öffentlichkeit geschaffen werden. Je nach Branche und Unternehmensart spielen in diesem Kontext erneut die sozialen Medien eine besondere Rolle. Hierbei sollte bedacht werden, dass diese Kommunikationswege nur dann als glaubwürdig wahrgenommen werden, wenn die Interaktion **wechselseitig** verläuft. Gerade letzteres beinhaltet für die Organisation ein gewisses Maß an Kontrollverlust, wobei eine proaktive Beteiligung in diesen Medien den Unternehmen auch einen Teil der Kontrolle zurückerlangen lässt. Auf diese Weise untermauert ein souveräner und offener Austausch mit den neuen Medien die Glaubwürdigkeit des Betriebs. Sobald das Unternehmen startet, lohnt es sich daher, in den Austausch mit der Öffentlichkeit zu investieren.

17.3 Die Notwendigkeit der Transparenz

Glaubwürdigkeit und Vertrauen basieren auf Transparenz. Nur wenn das Unternehmen für die Öffentlichkeit relevante Information auch transparent macht, kann die Öffentlichkeit das entsprechende Vertrauen entwickeln. Dies bedeutet für das Unternehmen, sowohl die positiven als auch die negativen Nachrichten nach außen zu kommunizieren, insofern diese für die Öffentlichkeit bedeutsam sind. Stellen sich beispielsweise hinsichtlich von Nachhaltigkeitsvorhaben oder sozialem Engagement Rückschläge oder Verspätungen ein, sollte mit diesen entsprechend transparent umgegangen werden. Im besten Fall stützt die Offenheit nicht nur das Vertrauen der Öffentlichkeit, sondern öffnet auch die Möglichkeit für neue Lösungswege oder Vorschläge.

17.4 Kontinuität

Häufig versprüht ein junges Unternehmen nur bei Marktantritt kommunikative Funken. Kurz danach wird es oft stiller um die Gründung und der Außenauftritt wird vernachlässigt. Dies ist äußerst bedauerlich, denn die externe Kommunikation erscheint nur dann glaubwürdig, wenn diese auch kontinuierlich ist. Daher sollte das Unternehmen in guten und herausfordernden Zeiten gleichermaßen engagiert kommunizieren. So gewinnt die Öffentlichkeit nicht den Eindruck, der Betrieb wolle sich immer nur mit seinen „Glanztaten" ins Rampenlicht rücken, während weniger gelungene Ereignisse möglichst unauffällig und kurz gehalten werden. Ob und in welchem Umfang etwas in der externen Kommunikation dargestellt wird, sollte sich daher weniger an den Polen positiv/negativ, sondern vornehmlich an dem Relevanzgrad für die Allgemeinheit messen.

17.5 Fairness

Besonders für Gründer gilt: ohne Fairness im Miteinander geht es nicht! Im Innenverhältnis verbessert ein faires Vorgehen der Unternehmensleitung das Arbeitsklima, hebt die Motivation und steigert die Leistungsfähigkeit. Doch auch im Außenverhältnis ist Fairness ein wichtiger Faktor des Stakeholder-Managements. Die konkurrierenden Anbieter erwarten von dem Unternehmen ein faires Wettbewerbsverhalten und die allgemeine Öffentlichkeit ein ökologisches, soziales und kulturelles Verantwortungsbewusstsein.

17.6 Engagement

Zeigen Sie Haltung als Gründer! Die Haltung eines Unternehmens offenbart sich in seinem tatsächlichen Engagement. Wer glaubwürdig erscheinen möchte, sollte im Rahmen der eigenen Mittel immer etwas tun, das der eigenen Haltung und Werten entspricht. Die Möglichkeiten für soziales, kulturelles oder ökologisches Engagement sind vielfältig, doch man sollte diese auch wirklich nutzen.

Praxisbeispiel: Die interpersonelle Kompetenz in Hinsicht auf die allgemeine Öffentlichkeit

Ohne einen funktionierenden Staat bzw. eine funktionierende Gesellschaft ist ein gesundes Unternehmertum nicht möglich. Wir erfahren dies in positiver Weise in Deutschland und müssen nicht weit blicken, um Beispiele zu finden, wo freies Unternehmertum wegen nicht oder schlecht funktionierender Staaten nicht gegeben ist. Der dafür vom Unternehmer zu zahlende „Preis" liegt in erster Linie bei den Steuern.

Ein Unternehmer, der sich als EDV-Ausstatter selbstständig machte, hatte dazu noch ein weiteres Verständnis. Seine zehn Mitarbeiter erhalten jedes Jahr ihren gewöhnlichen Jahresurlaub. Zusätzlich zu diesem Urlaub konnte jeder Angestellte bis zu drei weitere Urlaubstage erhalten, wenn er diese Tage nutzte, um in einer gemeinnützigen Organisation in der Region seiner Wahl tätig zu sein. Diese Tätigkeit muss natürlich zusätzlich zu einer eventuell bisher ausgeübten Tätigkeit erbracht werden, sodass beispielsweise ein bestehender Job als Fußballtrainer nicht in zusätzlichen Urlaub umgewandelt werden kann.

Mein Mandant ist als Kind in den 90er-Jahren als Flüchtling mit seinen Eltern aus Jugoslawien nach Deutschland gekommen. In dieser Zeit musste er miterleben, wie die Eltern die über Jahre aufgebaute Autowerkstatt durch den Krieg verloren. Ein Wiederaufbau nach dem Krieg erschien ihnen wegen der labilen politischen Strukturen unmöglich. Vor diesem Hintergrund war mein Mandant dankbar, in Deutschland sein Unternehmen in einem sicheren gesellschaftlichen Umfeld zu gründen. Dies will er mit dem „Freiwilligendienst" seiner Mitarbeiter (er beteiligt sich natürlich auch an dem Programm) teilweise wieder zurückgeben.

Natürlich fand eine solche Aktion auch ein mediales Echo. Die örtliche Presse berichtet regelmäßig über die Einsatztage der Mitarbeiter, was letztlich meinem Mandanten als Unternehmer wieder zu Gute kommt. Aber auch die Mitarbeiter wissen das soziale Angebot ihres Arbeitgebers zu schätzen. Die Team-Bildung und die Identifikation mit dem Unternehmen haben sich dadurch signifikant verbessert.

Ergebnis:
Auch gegenüber der Gesellschaft ist der zwischenmenschliche Prozess keine Einbahnstraße. Der Unternehmer und Gründer kann in diesem Bereich unter Beweis stellen, wie sehr er sich in der Gesellschaft verwurzelt sieht, mit der er letztlich Geschäfte machen will. Und auch hier gilt für Unternehmer wie für Privatpersonen:

„*Viele Wenige machen ein Viel*", besagt ein deutsches Sprichwort, auch zitiert von Kurt Tucholsky (1930)

17.7 Zwischenfazit

Die Glaubwürdigkeit eines Unternehmens ist eine wesentliche Grundvoraussetzung für seinen Erfolg. Diese kann – gerade im digitalen Zeitalter – nur langfristig erreicht werden, wenn das Unternehmen entsprechend seiner Versprechungen und Werte handelt. Taten tragen zur Glaubwürdigkeit grundsätzlich mehr bei als reine Lippenbekenntnisse. Um die eigene Werte überzeugend vertreten zu können, sollte das Unternehmen Dialogbereitschaft zeigen und sich den Fragen der Allgemeinheit oder des Verbrauchers offen stellen. Im Zeitalter der Digitalisierung spielen die sozialen Medien in diesem Zusammenhang eine zentrale Rolle, da der Verbraucher oder andere Teile der Öffentlichkeit auf diese Weise jederzeit mit dem Unternehmen in Kontakt treten können. Gerade als Gründer lohnt es sich dieses Potenzial von Anfang an zu nutzen.

Die externe Kommunikation sollte zudem von Transparenz und Kontinuität geprägt sein, so dass das Unternehmen regelmäßig alle für die Allgemeinheit bedeutsamen Informationen in der externen Kommunikation offenlegt. Durch sein ökologisches, soziales und kulturelles Engagement kann ein Unternehmer zeigen, wie sehr er sich in der Gesellschaft verankert sieht, mit der er geschäftlich interagieren möchte. Demonstrieren Sie als Gründer Haltung und beteiligen Sie sich an den allgemein-gesellschaftlichen Prozessen.

18

Fazit und Ausblick

Dass wir in Zeiten eines immer schneller werdenden Wandels leben, stellt für Gründer Chance und Risiko zugleich dar. Jede Veränderung im Wirtschaftsleben eröffnet in der Regel Marktchancen – vor allem für junge Unternehmen, da diese wegen ihrer Agilität eher bereit und fähig sind auf diese zu reagieren. Gerade im jetzigen digitalen Zeitalter sind die Eintrittsbarrieren für Gründer in das Wirtschaftsleben sehr niedrig geworden. Wer hätte sich vor 20 Jahren vorstellen können, dass ein 15-jähriger Mandant (von mir) an seinem PC eine App entwickelt, die er für einen hohen fünfstelligen Betrag verkaufen kann. Andererseits steht dem das Risiko gegenüber, mit dem Tempo des Wandels nicht mithalten zu können – egal ob als Gründer oder als bestehendes Unternehmen. Und auch hier: Wer hätte sich vor 20 Jahren vorstellen können, dass er seinen Einkauf im Supermarkt mit einer Fitnessuhr bezahlen kann. Dass sich deswegen und aus vielen anderen Gründen die gesamten Strukturen des Bankenwesens verändert haben und weiter verändern werden, ist nachvollziehbar.

Insbesondere für Gründer ist es vor diesem Hintergrund enorm wichtig, das Geschäftsmodell zu finden, zu entwickeln und ständig anzupassen, mit dem sie im höchsten Maße glaubwürdig am Markt auftreten.

Wichtigste Grundvoraussetzung dafür ist, dass sich der Inhaber oder das Team des Start Up's vollkommen mit der Geschäftsidee identifizieren, ohne selbstverliebt die Schwächen von sich selbst und der Geschäftsidee auszublenden. Mit dieser Grundeinstellung ist die wichtigste Basis geschaffen, um die von mir entwickelte „3 × 4 = Alles"-Methode erfolgreich anzuwenden.

„3"
Für die fachlichen, prozessualen und zwischenmenschlichen Kompetenzen ist es überaus wichtig, sich permanent zu reflektieren. Dies kann von innen heraus erfolgen, durch Selbstreflektion oder durch die Außenreflektion (durch Kunden, Mitarbeiter, Lieferanten etc.). Die Erkenntnisse daraus müssen schnell und konsequent umgesetzt werden, damit bestmögliche Exzellenz in diesen drei Bereichen erreicht und gehalten wird. Gründerteams sind hier im Vorteil, weil die Teammitglieder sich bezüglich dieser Kompetenzen ergänzen können. Dem steht ein erhöhter Bedarf an Abstimmung dieser Fähigkeiten gegenüber. Die kurzen Halbwertzeiten von Wissen – in diesen drei Bereichen – zwingen zu lebenslangem Lernen.

„4"
Die oben genannten drei Kompetenzen der Akteure in einem Unternehmen, welche zur Exzellenz führen können, müssen auf alle vier Stakeholder-Gruppen ausgerichtet sein. Wie in diesem Buch gezeigt wurde, kann das „Ausblenden" nur einer Gruppe schon fatale Folgen haben. Im Zeitpunkt der Abfassung dieses Buches stehen hunderte von Flugzeugen des Typs 737 Max für mehrere Monate wegen eines Software-Fehlers auf dem Boden. Was das für den Hersteller Boeing wirtschaftlich bedeutet, ist heute noch nicht absehbar, dass sich aber die Stakeholder Gruppe „Abnehmer" eher jetzt für Flugzeuge des Hersteller Airbus interessieren dürfte, liegt auf der Hand.

Je nach Art des Unternehmens sind verschiedene Stakeholder-Gruppen unterschiedlich zu priorisieren. Deren Wichtigkeit wird sich im Verlauf des Unternehmens-Lebens permanent verändern. So wurde für den VW-Konzern ab September 2015 die Stakeholder-Gruppe „Staat" mit Beginn des Dieselskandals zu der zentralen Interessengruppe – interessanterweise zunächst der US-amerikanische und nicht der deutsche Staat.

„Alles"

18 Fazit und Ausblick

Sind alle drei Arten Kompetenzen des Gründers bzw. die des Managements komplett auf alle vier Interessensgruppen ausgerichtet, kann von einem Total Quality Management gesprochen werden, das dem Gründer die höchst möglichen Chancen auf Erfolg verspricht. Bestehenden Unternehmen vermittelt es die besten Möglichkeiten, sich nachhaltig am Markt behaupten zu können. Mit dieser „3 × 4 = Alles"-Methode kommt zum Ausdruck, dass die Führung eines Unternehmens nur dauerhaft erfolgreich sein kann, wenn man mit den höchstmöglichen Kompetenzen aller Mitakteuren seines Unternehmens interagiert. Das ist sicherlich ein Grund, warum mittelständische Unternehmen nachhaltig wesentlich erfolgreicher am Markt agieren als börsennotierte Grußunternehmen, die im Wesentlichen vom Shareholder-Value-Gedanken getrieben sind. Dieser Tage hat die Hauptversammlung der Bayer AG dem Vorstand die Entlastung versagt. Hintergrund war das Debakel im Zusammenhang mit der Monsanto-Übernahme, in dessen Folge der Kurs der Aktie um über 40 % fiel. Das sehen Aktionäre nicht gerne! Ich gehe davon aus, dass der Vorstand der Bayer AG die nächsten Monate den Shareholder-Value in den Vordergrund rücken wird.

Nach meiner Erfahrung als Steuerberater, der recht viele Gründer betreut hat, ist es gerade für Jung-Unternehmer sehr wichtig, alle Stakeholder von Anfang an im Blick zu haben. Diesbezügliche Versäumnisse rächen sich später aber dafür umso mehr. Meist stehen am Anfang eines Unternehmens die Entwicklung eines Produkts bzw. einer Dienstleistung und deren Vertrieb im Vordergrund. Ich könnte hier zahlreiche Beispiele aufführen, bei denen dies sehr gut gelungen ist, aber wegen Versäumnissen bei internen Prozessen mit Lieferanten oder Mitarbeitern, wegen Missständen bei der Einhaltung von gesetzlichen Vorschriften oder wegen einer nicht ausreichenden Koordination im Gründer-Team das Unternehmen sehr schnell wieder schließen musste – obwohl das Produktangebot am Markt gut angenommen wurde.

Gründer spielen in unserer Wirtschaftswelt eine sehr wichtige Rolle. Sie können Innovationen schneller entwickeln und umsetzen und treiben die bestehenden Unternehmen an, ihre Marktposition zu halten. Diesen Wettbewerb gewinnt nicht unbedingt der, der über mehr finanzielle Mittel verfügt. Diese besseren Chancen hat auf jeden Fall der Marktteilnehmer, der permanent seine Fähigkeiten überprüft und verbessert und ein professionelles Verhältnis zu seinen Interessengruppen hat. Da kleine Unternehmen und damit auch Gründungsunternehmen viel agiler agieren können als bestehende und vor allem große Unternehmen, sehe ich für einige Branchen noch tief greifende Veränderungen voraus. Aktuell stehen insbesondere die Banken- und Versicherungsbranche vor einer Entwicklung, die als disruptiv bezeichnet werden kann. Hier treiben oft junge Unternehmen die Großen der Branche bezüglich Innovationen vor sich her. Im produzierenden Bereich sehe ich die größten Herausforderungen für die in Deutschland so wichtige Autoindustrie. E-Auto, Fahrverbote in den Städten, Brexit und Zölle werden in dieser Branche sicherlich zu großen Umwälzungen führen. Aber auch die Wissensberufe wie Rechtsanwälte, Steuerberater, Wirtschaftsprüfer, Ärzte und Ingenieure stehen wegen der Digitalisierung, künstlicher Intelligenz und der drohenden Deregulierung durch die EU vor großen Herausforderungen.

Deutschland erlebt seit 2010 ein stabiles Wirtschaftswachstum. Aus vielerlei Gründen muss davon ausgegangen werden, dass dieses Wachstum abflauen wird und die Wirtschaftsleistung auch wieder schrumpfen kann. Gerade in einer solchen Phase ist es für Gründer wichtig vorbereitet zu sein. Dazu gehören ein sinnvolles Angebot, hohe Kompetenz und eine ausgewogene Berücksichtigung der Interessen aller Beteiligten. Aus der deutschen Wirtschaft und aus meiner Steuerkanzlei gibt es viele prominente und nicht so prominente Beispiele, dass Gründer und bestehende Unternehmen aus Rezessionen gestärkter hervorgehen, wenn sie nach der „3 × 4 = Alles"-Methode arbeiten.

Literatur

Bruch, H., & Ghoshal, S. (2003). Unleashing organizational energy. *MIT Sloan Management Review, 45*(1), 45–51.
Commission of the European Communities. (2001). Promoting a European framework for corporate social responsibility. https://eur-lex.europa.eu/LexUriServ/LexUriServ.do?uri=COM:2001:0366:FIN:EN:PDF. Zugegriffen am 25.06.2007.
Covey, S. (2005). *Die sieben Wege zur Effektivität: Prinzipien für persönlichen und beruflichen Erfolg*. Offenbach: Gabal.
Cyert, R. M., & March, J. G. (1963). *A behavioral theory of the firm*. Englewood Cliffs: Wiley-Blackwell.
Goleman, D. (1995). *Emotional intelligence: Why it can matter more than IQ*. New York: Bantam Books.
Grosser, H. (o.J.). QM Handbuch. QM Handbuch nach der ISO 9001. https://www.iso9001.info/qm-handbuch-2/. Zugegriffen am 09.06.2019.
Kirchler, E., & Walenta, C. (2010). *Motivation*. Wien: UTB.
Kotter, J. P. (1990). *A force for change: How leadership differs from management*. New York: The Free Press.
Rochus, Mummert (2016). Erfolgsfaktor Wertschätzung: In jedem zweiten Unternehmen Fehlanzeige/Auch vielen Chefs wird der Respekt versagt.

https://www.rochusmummert.com/downloads/news/161107_PI_HR_Panel_1_FINAL.pdf. Zugegriffen am 25.05.2019.

Rosenthal, R., & Jacobson, L. (1971). *Pygmalion im Unterricht: Lehrererwartungen und Intelligenzentwicklung der Schüler.* Beltz: Weinheim.

Schwertfeger, B. (2012). Gesucht: Der perfekte Kollege. http://www.zeit.de/2012/26/C-Berufe. Zugegriffen am 25.05.2019.

Sicking, M. (2012). Die besondere Verantwortung des Chefs. https://www.heise.de/resale/artikel/Die-besondere-Verantwortung-des-Chefs-1711101.html. Zugegriffen am 25.05.2019.

Siegel, T. (2018). *Mitarbeitergespräche in Steuerkanzleien. Erfolgreich kommunizieren und motivieren* (S. 67–78). Wiesbaden: Gabler.

Statistisches Bundesamt. (2016). Fünfte europäische Erhebung über die berufliche Weiterbildung in Unternehmen (CVTS5). https://www.destatis.de/DE/Publikationen/Thematisch/BildungForschungKultur/Weiterbildung/WeiterbildungUnternehmen.html. Zugegriffen am 25.05.2019.

Tucholsky (1930), in: „Die Weltbühne", Wochenzeitschrift für Politik, Kunst und Wissenschaft, 16.12.1930, Berlin

GPSR Compliance
The European Union's (EU) General Product Safety Regulation (GPSR) is a set of rules that requires consumer products to be safe and our obligations to ensure this.

If you have any concerns about our products, you can contact us on

ProductSafety@springernature.com

In case Publisher is established outside the EU, the EU authorized representative is:

Springer Nature Customer Service Center GmbH
Europaplatz 3
69115 Heidelberg, Germany

www.ingramcontent.com/pod-product-compliance
Lightning Source LLC
LaVergne TN
LVHW020329260326
834688LV00037B/943